Estelle Larose
Denise Thériault

Osti de fif !

LES ÉDITIONS DES INTOUCHABLES
512, boul. Saint-Joseph Est, app. 1
Montréal (Québec)
H2J 1J9
Téléphone : 514 526-0770
Télécopieur : 514 529-7780
www.lesintouchables.com

DISTRIBUTION : PROLOGUE
1650, boul. Lionel-Bertrand
Boisbriand (Québec)
J7H 1N7
Téléphone : 450 434-0306
Télécopieur : 450 434-2627

Conception graphique : Marie Leviel
Photographies de l'auteur : Mathieu Lacasse
Retouche photo : Marie-Elaine Doiron
Révision : Maude Schiltz, Chantale Bordeleau
Correction : Natacha Auclair

Les Éditions des Intouchables bénéficient du soutien financier
du gouvernement du Québec — Programme de crédit d'impôt
pour l'édition de livres — Gestion SODEC et sont inscrites au
Programme de subvention globale du Conseil des Arts du Canada.

Nous reconnaissons l'aide financière du gouvernement du Canada
par l'entremise du Programme d'aide au développement de
l'industrie de l'édition (PADIÉ) pour nos activités d'édition.

Membre de l'Association nationale des éditeurs de livres.

Dépôt légal : 2010
Bibliothèque et Archives nationales du Québec
Bibliothèque nationale du Canada

ISBN : 978-2-89549-417-1

JASMIN ROY

LES INTOUCHABLES

Avant-propos

J'aurais préféré ne pas avoir à écrire ce livre, mais la nécessité s'est manifestée en entendant l'ensemble des témoignages de jeunes garçons et de jeunes filles du secondaire qui, encore aujourd'hui, subissent le même harcèlement que moi il y a vingt-sept ans. À vrai dire, je ne voulais pas écrire ce livre et me replonger dans ces moments pénibles de mon adolescence, ces instants de désespoir, d'angoisses incontrôlables, de peur continuelle. Pourquoi revenir sur un passé révolu et faire le portrait des circonstances qui ont marqué ma vie? À quoi bon? Qui sera intéressé par l'histoire d'un « osti de fif » qui s'est fait harceler à l'école? Les enfants sont cruels, c'est ce qu'on vous dira; voilà tout, ce n'est pas la peine d'en faire un plat.

Les enfants sont cruels si on leur donne le droit et le pouvoir d'exercer leur méchanceté. En 2010, notre société doit mettre un terme à ces manifestations de haine dans les cours d'école envers les gais, les lesbiennes et tous ceux qu'on présume qu'ils le sont. Les conséquences de ces abus répétés sont considérables et elles laissent des cicatrices indélébiles sur l'estime de soi. Nous devons cesser de banaliser ces actes de violence répétés dans les milieux scolaires en les reléguant aux oubliettes. En plus d'être ostracisés, battus, ridiculisés, humiliés, ces adolescents devront surmonter la honte, la peur et de nombreuses mutilations émotives.

Mon passage au secondaire a été des plus atroces. Dans ce livre, j'ai décidé de témoigner sans pudeur et de commenter toutes les conséquences que ces années d'humiliation ont eues sur l'ensemble de ma vie. J'ai dû apprendre à vivre avec des handicaps émotifs graves et rebâtir mon estime personnelle de peine et de misère. La fin des classes nous apporte une certaine libération quand on termine les études secondaires, mais la peur et la honte nous habitent pendant des années. Cette dévalorisation continue m'a occasionné plusieurs problèmes d'anxiété et de dépression, et chaque jour, j'entretiens un dialogue intérieur pour vaincre cette peur du jugement d'autrui à mon égard.

Plusieurs homosexuels et lesbiennes de ma communauté ont vécu le même parcours que moi et n'osent pas trop s'exprimer sur leur passé difficile. Le sujet reste encore tabou, comme si le déshonneur nous paralysait et nous étouffait dans la peur du jugement des autres. Pourtant, nous ne pouvons éviter cette traversée ; nous devons en évoquer chaque instant pour nous en libérer et honorer l'enfant meurtri par son entourage enfoui au fond de nous. Vingt-sept années sont passées depuis ma sortie de l'école secondaire, et je n'arrive pas à comprendre pourquoi des jeunes, aujourd'hui, sont toujours victimes d'agressions homophobes. Pendant combien d'années encore verrons-nous des élèves se faire meurtrir sur les bancs d'école ? Combien d'adolescents laisserons-nous se suicider, faute de nous conduire en adultes responsables ? Combien de jeunes adultes devront éprouver des problèmes d'anxiété généralisée comme moi et vivre avec une estime de soi anéantie ? Quand mettrons-nous un terme à ces sacrifices de masse ?

Ce livre est une requête auprès des parents, des professeurs, des directeurs d'école et des gouvernements pour qu'ils protègent nos jeunes gais et lesbiennes d'une affliction assurée s'ils baignent trop longtemps dans la violence quotidienne en milieu scolaire. Ce genre de brutalité a trop duré. Nous devons, en tant que société moderne et évoluée, faire cesser ce cycle infernal qui se répète depuis des décennies dans nos établissements scolaires.

Je lègue mon histoire en héritage à tous ces jeunes isolés, laissés pour compte, sans amis, qui vivent en silence cette tragédie solitaire. Sachez que je vous comprends. Je me souviens d'où je viens et je ne vous laisserai pas tomber, car vous êtes des trésors en devenir ; ne l'oubliez jamais.

Un garçon pas comme les autres

Mon destin a été déterminé en partie par mon profil génétique. À cause de problèmes de motricité importants et de légers handicaps physiques, j'ai dû pallier très tôt ces difficultés, m'adapter à mon environnement et trouver des solutions durables pour me protéger des aléas de la vie. Je suis né à Montréal le 16 septembre 1965. À ma naissance, j'avais toutes les apparences d'un enfant en bonne santé : toujours heureux, souriant, enjoué. Mes parents vous diraient sûrement, encore aujourd'hui, que j'avais l'air d'un ange descendu du ciel avec mes yeux vert émeraude, mes cheveux blond platine et mes traits fins ; d'ailleurs, plusieurs personnes me prenaient pour une petite fille alors que j'étais dans mon berceau. Vers le milieu de ma deuxième année de vie, à l'âge où les enfants prennent les devants et commencent à marcher, mon père et ma mère ont réalisé que quelque chose clochait dans mon développement. J'étais incapable de supporter le poids de mon corps avec mes jambes. Après avoir consulté le pédiatre et reçu le diagnostic, j'ai dû entreprendre des séances de physiothérapie pour apprendre à marcher. En peu de temps, je réussis à rattraper mon retard, et il ne fallut que quelques mois pour que la force dans mes jambes se crée un chemin et que je surmonte ce premier défi que la vie avait mis sur mon passage. Les résultats étaient encourageants, mais le combat était loin d'être terminé. Je réussissais à me tenir sur mes deux jambes, mais encore fallait-il garder mon équilibre. Les podiatres avaient diagnostiqué un problème sévère de pieds plats qui m'empêchait de courir sans tomber. À chaque enjambée, je risquais de trébucher et de m'affaler sur le sol. Mes chevilles manquaient d'endurance et je pouvais tomber simplement en me tournant le pied. Mes parents ont donc décidé d'aller de l'avant et de me faire porter des bottines orthopédiques comportant des renforts pour sculpter la plante de mes pieds adéquatement. Ce fut un des plus beaux cadeaux que mon père et ma mère m'ont faits dans ma vie. Même si encore aujourd'hui je porte des orthèses dans mes souliers, je peux courir aisément et mes pieds sont moulés à la perfection.

Avec mes bottines orthopédiques, je jouissais de tous les plaisirs que l'enfance pouvait m'apporter : je pouvais courir, jouer avec ma sœur et mon frère et profiter de ce bonheur de bouger à ma guise. Cependant, même si les joies de l'enfance étaient un baume qui masquait mon problème, la vie se chargeait de me le ramener au visage. Je courrais moins vite que les garçons de mon âge et j'arrivais à peine à me tenir sur des patins ou des skis. Je tenais sur mes deux pieds, mais les autres avaient une longueur d'avance sur moi. Très jeune, je vivais des frustrations, me heurtant sans arrêt à cette dure réalité : « Je ne suis pas un garçon comme les autres. » J'ai donc trouvé refuge auprès des filles. D'ailleurs, ma sœur devint ma meilleure amie et la complice de tous mes jeux. Ce n'est pas que je refusais la compagnie des garçons, mais leur présence me plongeait dans un profond désespoir, mon estime personnelle était meurtrie ; j'ai donc adhéré, pour survivre, à la tendresse et à l'intelligence féminines.

Je me souviens de ces périodes de ma petite enfance où j'enviais sans arrêt les jeunes garçons de mon âge de pouvoir jouer entre eux et de partager des échanges corsés. Je fantasmais sur la possibilité de me joindre à leurs jeux et d'être le plus fort, le meneur de troupes. Déçu de ne pas pouvoir être comme mes pairs, je m'acharnais à être le héros de ces dames. Malgré le fait que ma force physique était déficiente, je restais, avec les filles, le plus fort d'entre elles et leur grand défenseur.

Est-ce que mon billet génétique a guidé ma destinée sexuelle ? Je ne crois pas. Il a cependant favorisé un terrain fertile en me faisant fréquenter un chemin différent des autres garçons. Si, de naissance, j'avais été un garçon vigoureux et robuste, la route empruntée aurait été différente. Je ne renie pas mon passé, je l'honore, mais je garde cette conviction que les débuts difficiles de ma vie ont incité mon entourage à me mettre à l'écart.

Dans les jupes de ma mère

M on alliance avec les femmes a sans contredit marqué mon passage sur cette Terre. Sans elles, je n'aurais certainement pas survécu à plusieurs passages difficiles de mon existence. Je me sentais fort en leur présence, ma virilité brillait, j'étais un garçon courageux, résistant et solide, même si j'étais incapable de me frayer un chemin parmi les garçons de mon âge.

Même si je passais le plus clair de mon temps à partager des activités avec ma sœur ou ma mère, je m'acharnais à trouver des solutions pour faire ressortir ma masculinité. Ma fascination pour les voitures de course miniatures était sans bornes, et je me souviens d'avoir assiégé à plusieurs reprises les pièces de la maison pour construire mes pistes de course. Je prenais les chaises de la cuisine en otage et, l'imagination aidant, j'édifiais un circuit que bien des Grands Prix dans le monde auraient envié. Je me rappelle qu'à l'âge de trois ans, mes parents m'avaient offert en cadeau pour Noël une voiture de course que je pouvais conduire grâce à un système de pédales à l'intérieur. La magie s'installait chaque fois que je montais dans cette auto de course ; je me transformais en super homme et j'imaginais les plus belles aventures. Pendant plusieurs années, j'ai également été hypnotisé par le célèbre G.I. Joe. D'ailleurs, je crois qu'inconsciemment, ce fut le premier fantasme de ma vie et, avec le recul, je constate sans effort que le modèle de virilité que dégageait G.I. Joe était sans contredit celui que je pourchassais dans mon combat identitaire. J'entretenais avec lui une drôle de relation ; il devait me suivre et exécuter avec moi l'ensemble de mes activités. Combien de fois l'ai-je déshabillé et lavé, et combien de fois ai-je même tenté, sans succès, de raser sa barbe de plastique avec la crème à raser et le rasoir de mon père ! Ma sœur Claire était plus chanceuse que moi : elle disposait d'une Barbie qui parlait et qui avait des seins. Malgré le fait que le corps de ma figurine d'Adonis était démesurément musclé, ses créateurs avaient omis de le doter d'un pénis, à mon grand désespoir. Je n'arrivais pas à comprendre la raison pour laquelle Barbie bénéficiait d'attributs sexuels, alors qu'on avait impunément castré mon G.I. ! J'érotisais mon G.I. Joe au plus haut point, et j'avais même inventé une histoire d'amour entre lui et la Barbie de ma sœur. Combien de fois ai-je mimé des relations sexuelles entre eux ! D'ailleurs, lors d'un de leurs échanges enflammés, que je contrôlais avec grand plaisir, j'ai arraché une jambe de la Barbie. Pour éviter l'effusion de larmes chez ma sœur, j'ai recollé le morceau avec de la colle contact que mon père gardait précieusement dans son coffre à outils. Ce fut le dernier coït entre les deux modèles réduits. Après cet échange amoureux catastrophique, la Barbie n'a plus eu qu'une seule jambe qui bougeait, et ma sœur n'y a vu que du feu ; il faut dire que je savais comment dissimuler mes erreurs et trouver des mensonges pour occulter mes pires conduites.

J'ai rêvé pendant des années de jouer au hockey, mais j'ai dû oublier rapidement cette utopie, car à mon grand désespoir, je n'ai jamais été capable de vraiment patiner. Pour sublimer ma frustration, j'ai collectionné pendant des années ces fameuses cartes de hockey qu'on trouvait dans les paquets de gomme à dix sous. Je traînais toujours sur moi mon paquet de cartes, que j'avais soigneusement entouré d'un élastique pour éviter qu'une d'entre elles ne s'échappe. Quand mes cousins nous rendaient visite, j'en profitais pour faire des échanges : certaines cartes étaient plus convoitées que d'autres. Je me souviens aussi de tous ces samedis soir en famille quand on regardait *La soirée du hockey* à Radio-Canada. Durant les finales, c'était la fête. Il fallait voir mon père crier dans la maison chaque fois que le Canadien comptait un but ; la permission de hurler à tue-tête nous rendait hystériques à coup sûr.

Je ne me souviens pas à quel moment précis de ma vie j'ai renoncé à mon amour pour le hockey. Je m'en suis simplement désintéressé avec le temps, je crois. Les matchs me semblaient trop redondants, toujours du pareil au même, et j'avais besoin de stimulation intellectuelle pour transcender mes frustrations.

Je conservais une place de choix auprès de ma sœur et de ma mère en vaquant avec elles à leurs occupations. Je jouais des journées entières avec ma sœur ; nous étions inséparables, si bien que les gens pensaient que nous étions jumeaux. Nous avons partagé des heures inoubliables autour du fameux poêle Kenner que ma sœur avait reçu en cadeau. Nous faisions cuire des gâteaux et des tartes dans ce poêle, et c'est une ampoule de soixante watts qui en assurait la cuisson. J'aimais beaucoup aider ma mère à la cuisine également. J'adorais préparer avec elle les desserts et participer à la rédaction de la liste d'épicerie.

Je ne passais pas beaucoup de temps avec mon père et mon frère Roger, nos affinités étant limitées. Même lorsque je passais du temps avec eux, j'avais l'impression que je faisais bande à part. Selon ma perception, notre famille se partageait en deux parties : ma mère, ma sœur et moi d'un côté ; mon père et mon frère de l'autre. Pourtant, je n'étais pas une fille, j'avais les mêmes besoins que les autres garçons, mais j'étais incapable de rivaliser avec eux, alors je me réfugiais dans les jupes de ma mère. Avec elle et ma sœur, le monde était moins cruel, plus accessible pour moi. J'avais une sainte horreur des manifestations de violence dont les autres garçons se servaient pour établir leur virilité sociale et prouver aux autres qu'ils étaient des hommes. Moi aussi j'étais un gars, mais je ne voulais pas me battre ; je préférais discuter, échanger, écouter de la musique, lire et cuisiner, même si mes jouets étaient les mêmes que les leurs.

Mon père m'a souvent dit que, dès ma petite enfance, il était convaincu que je serais homosexuel. Avant même ma puberté, il percevait cette différence chez moi avec certitude. Ma mère ne semblait pas avoir la même intuition. Je crois fondamentalement que les hommes, entre eux, peuvent plus facilement détecter cette dissemblance en éclosion. Voyant mes champs d'intérêt aux antipodes des siens, mon père ressentait cette distinction. C'est clairement pour cette raison que les jeunes hommes mettent rapidement en retrait les garçons de leur environnement immédiat dont les champs d'intérêt diffèrent.

La rentrée des classes

M a petite enfance s'était relativement bien déroulée, mais le défi à venir était de taille : je devais apprendre à socialiser en milieu scolaire et à me tailler une place de choix malgré mon léger handicap physique. Comme nous habitions aux abords du quartier Outremont, j'ai eu le privilège de fréquenter des établissements scolaires de premier plan. Je suis entré à la maternelle de l'école primaire Bonsecours, et ce fut un événement des plus traumatisants pour moi. Je sentais, pour la première fois de ma vie, qu'on m'arrachait littéralement des bras de ma mère, qu'on me dépouillait soudainement de toute cette sécurité acquise dans mes jeunes années pour me précipiter dans l'inconnu. Passage difficile, mais ô combien formateur, ce deuil fut des plus bénéfiques pour la construction de ma personnalité ! La maternelle était pour moi plus qu'un terrain de jeu. Je pouvais enfin exprimer toutes les facettes de ma personnalité tout en déployant et en faisant croître mon imagination et mes facultés intellectuelles. Je chérissais tous ces moments passés avec mes congénères qui, à cette époque, se souciaient peu du masculin et du féminin. Notre collectivité approfondissait ses connaissances dans un but commun, sans aucune discrimination. Je suis tombé profondément amoureux de l'école. J'ai fréquenté Bonsecours jusqu'en troisième année, et jamais je ne me suis senti mis à l'écart. Mes amis étaient majoritairement des filles, et je ne percevais aucune exclusion ou résistance de la part des garçons.

Ma mère enseignait à l'école Nouvelle-Querbes, un établissement scolaire alternatif qui encourageait le développement de l'enfant par lui-même et qui était une école voisine de Bonsecours. Nous étions au début des années 1970. Mes parents étaient issus de la Révolution tranquille et plongeaient à l'aveuglette dans l'ère du Verseau avec tout ce que cela comportait de macramé, de batik et d'herbes soi-disant médicinales qu'on fumait pour se libérer des anciennes valeurs canadiennes-françaises et de la religion catholique. Ce fut l'époque également où, comme tout bon garçon qui se respectait, j'arborais avec fierté la coupe de cheveux de René Simard. Durant cette période, ma sœur et moi n'étions plus des jumeaux aux yeux des étrangers, mais bien des jumelles. Sans commentaires...

En quatrième année, à l'école Nouvelle-Querbes, je me trouvais dans une classe qui réunissait les élèves de quatrième, cinquième et sixième année, et mon institutrice était Jacqueline Beaudin, une ancienne sœur défroquée que j'affectionnais tout particulièrement. Elle savait transmettre le désir d'apprendre à ses élèves, le besoin de transcender le quotidien par la voie de l'instruction et la quête de la connaissance pour tromper l'ennui. Je l'assaillais sans cesse de questions et, durant les récréations dans la cour d'école, je saisissais sa main avant tous les autres élèves et je ne la partageais que très rarement. Comme j'ai aimé cette femme! Elle était toujours à l'écoute, célébrait la différence de chaque enfant et glorifiait les joies de l'enseignement.

Nous avons traversé deux années entières ensemble, deux années de tendresse et d'échanges d'opinions, car elle fut mon enseignante lors de mes quatrième et cinquième années du primaire. Jamais, au grand jamais je ne me suis senti différent dans sa classe. Jacqueline savait faire régner le respect entre les enfants et, quand les conflits survenaient, elle prenait soin de réunir la classe autour d'une grande table afin que chaque élève puisse s'exprimer librement sur le sujet, toujours dans le respect d'autrui. Nous avons tous des modèles significatifs dans l'enfance qui nous marquent pour le reste de notre vie, et Jacqueline Beaudin en a été un pour moi. L'école a comme mission d'éduquer les élèves, mais la transmission du savoir doit passer par le cœur humain. Le respect et la tolérance doivent s'apprendre d'abord et avant tout à la maison, mais les établissements scolaires doivent se munir d'un code de conduite et honorer la discipline. L'école est une minisociété et elle doit se doter de lois correspondant à celles de notre société. En 2009, le Parti libéral a adopté une politique contre l'homophobie ; celle-ci doit s'appliquer également dans nos cours d'école. Jacqueline n'aurait jamais accepté qu'un enfant soit traité de « fifi », de « fif » ou de « moumoune » dans sa classe, tout comme elle aurait ouvertement refusé toute discrimination sur le sexe ou la race. Je vous rappelle que nous étions au début des années 1970 et que l'homosexualité était encore considérée comme une maladie mentale. L'immigration débutait au Québec, et les femmes faisaient brûler leurs soutiens-gorge en signe de protestation contre les inégalités entre les sexes. Déjà, à cette époque, émergeait un courant divergent qui refusait la discrimination axée sur le sexe, la race, l'âge ou l'orientation sexuelle.

Au début des années 1970, aux yeux de la loi, les gais et les lesbiennes ne bénéficiaient pas de droits égaux. Les professeurs pouvaient alors fermer les yeux devant les agressions répétées d'enfants qui accablaient les autres élèves d'insultes à caractère discriminatoire. Aujourd'hui, les droits de la communauté gaie et lesbienne sont reconnus grâce à la Charte des droits et libertés de la personne et grâce à de nouvelles lois sur la reconnaissance des conjoints de même sexe et du mariage gai. Les enseignants n'ont donc plus de raison de ne pas intervenir dans les classes et dans les cours d'école pour condamner et faire cesser ces comportements qui sont encore trop souvent tolérés. L'école doit refléter les lois que le Québec a édictées et elle doit les faire respecter.

Le retour aux sources

En 1976, les Jeux olympiques prennent Montréal d'assaut et endettent les Québécois pour des décennies à venir. Les baby-boomers font leurs ravages historiques, et les « granolas » envahissent la planète avec leurs idées d'avant-garde qui sèmeront la désolation chez la prochaine génération, la mienne : la génération de l'acceptation globale sans emploi, sans trop d'avenir et étouffée par les compromis.

Mes parents se sont investis à fond dans cette nouvelle tendance de l'époque qui adulait les seins tombants sans soutien-gorge, les cheveux longs, les poils disgracieux et le retour aux sources. Sans trop se soucier de mes besoins ni de ceux de ma sœur et de mon frère dans cette propension d'avant-garde, mon père et ma mère ont décidé, bien naïvement, d'aller s'installer sur une terre en campagne pour retrouver le bonheur perdu de nos ancêtres, au fin fond du 6ᵉ Rang de Tingwick, dans la région des Bois-Francs. Le problème, c'était que le câble et la mode *Flower Power* ne s'étaient pas rendus jusque dans les profondeurs de nos prairies québécoises et, à notre arrivée, nous avions l'air de cinq extraterrestres descendus d'une Datsun quatre portes, sans tracteur

pour cultiver leur terre. Mon père s'était autoproclammé
« *gentlemen farmer* », ce qui signifie, en quelques mots,
qu'il avait décidé d'outrepasser toutes les règles de base
établies par les cultivateurs pour s'adonner aux joies du
sarclage improvisé.

Mes parents ont acheté la terre en 1976, mais c'est
à l'été de 1977 que nous nous sommes officiellement
installés dans la petite maison rouge du 6ᵉ Rang de
Tingwick. L'été précédant la première rentrée des classes
à l'école primaire du village s'était plutôt bien déroulé,
malgré le fait que les voisins nous scrutaient à la loupe
et forgeaient leur jugement sur cette famille de fous
venue s'installer en campagne dans l'espoir de vivre du
produit de leur potager. Nous étions coincés entre deux
familles voisines plutôt accaparantes qui se faisaient un
devoir d'empiéter sur le terrain des autres en épiant leurs
moindres faits et gestes. Côté cour, nous avions la famille
Pellerin, et côté jardin, la famille Boutin. Les Pellerin
avaient quatorze enfants, et on en comptait douze chez
les Boutin. Nos charmants voisins nous ont surveillés,
guettés, pistés, espionnés pendant tout l'été. Nous par-
tagions une ligne téléphonique commune et, chaque fois
que le téléphone sonnait chez nous, nous entendions les
voisins décrocher leur téléphone et saisir, en silence, l'ensemble de nos conversations.

Nous étions la risée du 6ᵉ Rang et, rapidement, tout le
village de Tingwick commérait à notre sujet, avec raison.
Mes parents n'avaient aucune idée du travail à exécuter
sur une ferme ; ils payaient même les voisins pour faire
nos foins. Mon père avait acheté une vache qu'il trayait
quand bon lui semblait, mais surtout au moment où elle
hurlait de douleur tellement ses pis étaient outrageuse-
ment gonflés de lait. Ma mère, quant à elle, profitait de

la surabondance de lait que nous offrait la vache pour prendre des bains de lait comme la reine Cléopâtre. Toutefois, mon père savait comment se défendre contre les moqueries de nos chers voisins : derrière la maison, il avait semé des plants de marijuana qui, à la fin de l'été, mesuraient près de huit pieds. Les voisins étaient captivés par cette plante qu'ils n'avaient jamais vue auparavant. Combien de fois mon père s'est-il payé leur tête en leur faisant croire que c'étaient des épices qui venaient d'Europe et qui conféraient des propriétés extraordinaires à la sauce à spaghetti ? Dans toute leur naïveté et leur ignorance, ils croyaient mon père sur parole.

Derrière les moqueries sur l'incompétence de notre famille à gérer une ferme, on pouvait distinguer une jalousie grandissante chez les enfants de nos voisins durant cette période estivale. Nous étions souvent pris comme modèle par leurs proches qui admiraient notre façon de nous exprimer et la qualité de notre éducation. Contrairement à nos voisins, nous n'avions pas eu à travailler très jeunes sur la terre, alors nous avions développé d'autres aptitudes, pas meilleures, mais différentes des leurs. Plus l'été avançait, plus on sentait la haine remplacer l'envie. Nos jeunes voisins sentaient leur estime diminuer à cause des éloges de leurs parents à notre endroit ; donc, pour en assurer la constance, ils ont choisi la violence. Leur qualité principale était la force physique alors, à la rentrée des classes, ils m'attendaient de pied ferme. Le jeune garçon sensible et créatif qui s'exprimait mieux qu'eux se métamorphosait en cible de choix.

Je comprends aujourd'hui les raisons de leur comportement. Ils étaient incapables de s'ajuster à cette nouvelle réalité qui était la mienne, tout comme je n'avais pas pu me conformer aux conduites des autres garçons.

Pour protéger notre estime, nous avons utilisé chacun nos forces. La violence, à court terme, gagne toujours sur l'intelligence et l'imagination; je me suis donc replié tranquillement. Si on avait expliqué à ces jeunes enfants que leurs qualités étaient aussi valables que les nôtres et qu'ils avaient autant de mérite que nous, ils auraient peut-être choisi une autre stratégie. L'être humain utilise la violence et la haine seulement quand il se sent menacé. En quoi étais-je menaçant? Je me le demande encore.

Aux portes de l'enfer

Septembre était parvenu à se frayer un chemin à travers l'été et faisait sonner les cloches de la rentrée des classes. Les mauvais présages se sont multipliés dès ma première journée à l'école Saint-Cœur-de-Marie de Tingwick. Tous les matins, mon frère, ma sœur et moi devions monter très tôt à bord d'un autobus scolaire pour nous rendre en classe. Tous les jeunes du rang envahissaient ce véhicule de leur indiscipline et gouvernaient l'autobus avec leurs injures et leur manque de civilité. Nos chauffeurs n'arrivaient que très rarement à imposer leur autorité. Les jeunes fermiers, surtout les garçons, étaient rois et ils humiliaient tous les gens qui ne se conformaient pas à leurs valeurs et à l'image qu'ils se faisaient de la virilité. Dès la première semaine d'école, ces garçons m'ont étiqueté et je suis devenu la nouvelle tête de Turc. Il y avait également deux jeunes filles, déficientes mentales, qui covoituraient avec nous le temps de ces trajets quotidiens obligés en autobus et qui fréquentaient une école spécialisée. Les jeunes habitants étaient des plus barbares avec ces deux demoiselles qu'ils injuriaient et frappaient à grands coups de poing, au vu et au su des chauffeurs. Je n'arrivais pas à comprendre les raisons pour lesquelles des êtres humains étaient aussi cruels avec des gens incapables de se défendre ni pourquoi les adultes présents autorisaient les enfants à agir ainsi dans un silence complice. En peu de temps, j'ai subi le même traitement que ces deux jeunes filles déficientes, loin de me douter de toutes les altercations qui m'attendaient.

Ma première journée en sixième année du primaire a été des plus traumatisantes. J'avais toujours compté sur l'amitié de ma sœur pour m'aider à surmonter mes problèmes, mais voilà que nous étions séparés pour la première fois de notre vie. Elle faisait son entrée au secondaire, donc elle changeait d'autobus à Tingwick pour se rendre à l'école secondaire de Warwick, un village voisin. Après avoir vécu mon premier trajet en autobus, je pris place à mon pupitre et je fus plongé dans la stupéfaction quand notre institutrice, Diane Hinse, nous demanda de nous lever pour réciter la prière du matin. Mes parents étaient des athées radicaux, alors imaginez ma surprise ! À l'école Nouvelle-Querbes, jamais, au grand jamais nous n'avions fait de prière ! Plus la journée avançait, plus j'avais l'impression de prendre part à un mauvais scénario de science-fiction. Notre institutrice était ferme, autoritaire, et elle devançait tout écart de conduite en classe, mais l'anarchie reprenait spontanément durant les récréations et les heures de dîner.

La montée de violence à mon égard s'est faite graduellement durant les récréations, les heures de lunch et les nombreux allers-retours en autobus scolaire. Au début, quelques garçons seulement m'avaient pris en grippe, mais les abus et les humiliations sont rapidement venus de l'ensemble des élèves et se sont multipliés comme se serait répandue une maladie contagieuse. Les agressions se faisaient en groupe, très rarement en solitaire ; une lâcheté intrinsèque empêchait mes attaquants d'agir seuls. Les injures ont commencé à se manifester progressivement, toujours autour du même thème : « tapette », « moumoune » et, le grand classique, « osti de fif ». On pouvait percevoir la pauvreté intellectuelle de mes agresseurs par le choix de leurs injures et leur façon grossière de les exprimer. Ensuite, les coups de poing et les gifles se sont multipliés ; les garçons s'attroupaient autour de moi pour m'humilier en groupe et me couvrir de leur brutalité. Ils attaquaient à plusieurs l'élève le plus faible de l'école. Où avaient-ils relégué leur courage, leur force ? Il faut être faible pour se jeter sur un être qui ne vous a même pas défié. Le plus désespérant dans toute cette histoire, c'était l'attitude des enseignants qui étaient de garde dans la cour d'école et qui s'esquivaient devant ces manifestations collectives de violence en n'intervenant que très rarement. Je ne pouvais pas compter sur les adultes autour de moi pour me défendre, ni riposter à ces agressions perpétrées en fraternité contre moi. La solitude, l'abandon, l'humiliation m'ont fait sombrer dans un silence farouche.

Mon frère Roger, de son côté, était armé pour faire face à la rivalité naturelle des garçons et, à quelques reprises, il m'a tiré de mauvaises situations. Mes parents ont bien essayé d'intervenir auprès de la direction, mais les responsables banalisaient la multiplicité de ces assauts : « Les enfants sont cruels entre eux, voilà tout ; on fait ce qu'on peut ! » Pendant ce temps, mon âme se meurtrissait dans leur établissement, je sombrais graduellement dans un profond désespoir, emprisonné par mes bourreaux qui réussissaient à intensifier et à raffiner de jour en jour leur haine facile et gratuite. Je ne parlais presque plus, je n'osais que très rarement poser une question en classe de peur de faire rire de moi. J'avais perdu ma vitalité, ma joie de vivre, et chaque jour d'école était devenu un calvaire, à un point tel que j'étais terrifié à l'idée d'aller à la salle de toilette en même temps que les autres garçons. Il n'y avait pas de surveillance dans les toilettes, et les autres élèves m'attendaient de pied ferme pour me battre à coups de poing et à coups de pied. Dans ce lieu clos, mes tyrans réussissaient à repousser les limites de leur barbarie et ils atteignaient presque l'orgasme tellement ils exultaient de plaisir : « Tu veux nous sucer ? », « Hé, le fif, tu t'es trompé de toilette ! », « Pisses-tu assis, Jasmine ? », « Câlisse qu'on t'haït ! » Je passais des journées complètes à me retenir pour éviter d'avoir à affronter ces attaques démentielles dans les toilettes des garçons. Quand je n'arrivais pas à passer la journée sans aller aux toilettes, je demandais une permission spéciale à mon institutrice, une permission qu'elle n'accordait que très rarement.

J'avais quelques amies, et je n'échangeais, désormais, qu'avec les exclus de mon école. Nous n'étions que quelques-uns à vivoter et à tenter de survivre dans cet enfer. J'ai perdu ce que j'avais de plus précieux à cette époque : mon sourire. Chaque fois que je souriais devant les autres garçons, ils me disaient : « Hé, la tapette ! Tu ris-tu de moi ? » Alors, pour éviter toute confrontation supplémentaire, j'ai porté un masque. Vivre dans le silence, perdre le droit de sourire, côtoyer la peur au quotidien, me faire battre, sombrer dans l'humiliation, la honte, la tristesse et le désespoir sans fond ; voilà quelques-unes des conséquences de ces attaques que les adultes banalisaient. Mon estime personnelle se comprimait et agonisait. Je n'avais plus de repères et la vie m'apparaissait soudainement comme une traversée sans signification : je comprenais que j'étais différent et qu'il n'y avait pas de place pour moi. Si j'avais consulté un psychiatre à la fin de ma sixième année, il aurait sûrement diagnostiqué une dépression majeure.

Le supplice de l'école secondaire

J'avais survécu de peine et de misère à ma seule année à l'école primaire Saint-Cœur-de-Marie de Tingwick. L'été avait su panser un peu mes blessures et j'entrevoyais les altercations qui surviendraient dès ma rentrée en première année du secondaire à Warwick. Dominé par la peur, j'essayais de détourner mes craintes en me concentrant sur le fait que j'allais enfin retrouver, dans cette école, ma complice de toujours : ma sœur. À ma rentrée au secondaire, je me suis accroché désespérément à elle, je pouvais me fier à elle, lui faire confiance. Elle fut pendant les quatre premières années de mon secondaire mon alliée la plus fidèle.

Cela peut sembler difficile à croire, mais les choses se sont aggravées pour moi au secondaire. Les deux premières années ont été des plus atroces, aux limites du supportable. La violence et la haine y ont atteint des sommets insoupçonnés ; j'étais désormais une proie de choix, un *punching bag* ambulant, un déchet abject que tout le monde accablait d'humiliations excessives et repoussait à coup d'agressions odieuses. J'ai été victime des pires bassesses humaines. Je fonctionnais comme un pantin inanimé. La tension montait de plus en plus, et mes défenses naturelles n'arrivaient plus à surmonter les nombreux conflits intérieurs qui m'assiégeaient. C'est à ce moment de ma vie que l'anxiété s'est enracinée dans mon esprit, une complice sournoise avec laquelle j'aurais à négocier toute ma vie. Mais cela, je l'ignorais encore.

Mon chemin de croix se poursuivait de jour en jour, car au secondaire, nous ne comptions plus sur un enseignant pour l'année : chaque matière était enseignée par un professeur différent, et la discipline devenait très difficile à maintenir dans les classes. Certains professeurs arrivaient à contrôler les comportements anarchiques des élèves rebelles, mais plusieurs autres donnaient leurs cours sans trop se soucier des nombreuses injures lancées au hasard dans leur classe. Dorénavant, je devais encaisser les coups pendant les heures de cours ; je ne disposais d'aucun répit.

Les attroupements s'accroissaient autour de moi dans la cour et dans les corridors de l'école. Quotidiennement, des groupes de garçons se vautraient dans une cruauté sans nom et me frappaient gratuitement. Ils semblaient être possédés par un plaisir pathologique et se gavaient de grossièretés et de sauvageries injustifiées. On m'attrapait par les bras pour m'empêcher de me défendre et on me frappait à coups de poing et à coups de pied. On me giflait au visage, on me crachait dessus et, après l'assaut ultime, on m'abandonnait en se retirant dans un rire sadique. Je restais seul avec ma souffrance. Je ne pouvais même pas pleurer, les larmes auraient été pour mes agresseurs une bénédiction de plus et auraient renforcé leur hostilité en leur procurant une arme de choix supplémentaire. Je devais donc porter mon désespoir en silence et éviter le plus possible de montrer à mes bourreaux qu'ils avaient réussi à me détruire intérieurement, une fois de plus. À chaque agression, le découragement m'affaiblissait, je m'affaissais dans une morbidité émotionnelle, une incompréhension étouffée. Je me demandais : « Pourquoi moi ? Qu'est-ce que j'ai fait ? Est-ce que j'ai ma place sur cette Terre ? Est-ce que je vais vivre ainsi toute ma vie ? Suis-je un monstre ? Est-ce que j'ai le droit de vivre ? »

Après les coups, je devais faire face à tous les conflits intérieurs générés par ces actes de violence continue. Les conséquences étaient encore plus difficiles à surmonter que les coups initiaux, et je dois encore tenter de les surmonter à quarante-quatre ans. On perd toute envie de socialiser, on s'enferme, on ne partage pas notre souffrance, car tout le monde autour de nous banalise les actes qui en sont responsables. Les angoisses prennent la relève des agresseurs et gardent en veilleuse cette anxiété qui nous assèche la bouche, nous coupe le souffle, nous fait trembler sans aucune raison et nous enlève la force de nous défendre. Combien de fois ai-je dû m'excuser auprès de mes détracteurs d'être simplement celui que j'étais : un « osti de fif » qui ne savait même pas encore qu'il deviendrait homosexuel un jour.

La délation qui châtie

M ême si certains adultes ont essayé maladroitement d'intervenir et de réprimer les actes disgracieux de mes agresseurs, leurs tentatives occasionnelles, voire rarissimes, attisaient les frappes plutôt que de les limiter. Malgré leur bonne volonté, l'aide qu'ils m'offraient ne faisait que multiplier les attaques à cause de son manque de constance. Si les professeurs autour de moi avaient soutenu leurs interventions de façon continue, j'aurais sans doute été à l'abri de toute cette violence gratuite. Mais leurs tentatives morcelées ne faisaient qu'envenimer la situation. Après un court répit, les assauts se multipliaient plutôt que de se raréfier. Mes adversaires disposaient d'armes supplémentaires contre moi. Je devenais le responsable de ces manifestations soudaines de discipline en dévoilant, l'espace d'un instant, une faiblesse anormale chez mes agresseurs. Pour surmonter cette défaillance inopinée, mes attaquants majoraient leur brutalité dans l'espoir de me faire payer ce moment où ils avaient dû se soumettre à l'ordre et au règlement.

J'ai bien essayé de me plaindre auprès de la direction et des professeurs, et mes parents ont également tenté d'améliorer la situation, en vain. Les directeurs et les enseignants réprimandaient les agissements délinquants des autres élèves pendant quelques jours et, ensuite, ils ignoraient le problème qu'ils n'arrivaient pas à contenir. Après ce court répit, on me faisait cruellement payer les moments d'humiliation que j'avais fait vivre à mes bourreaux. Ils me rappelaient, à coups de poing et d'injures, que j'étais une souillure sociale dont il fallait se débarrasser.

J'ai donc décidé d'arrêter de me plaindre, de fermer ma gueule de « tapette ». À quoi bon dénoncer les actes de violence multipliés de mes assaillants ? J'étais puni par la suite. Pour me protéger, pour me défendre, j'ai abandonné la délation qui causait ma ruine plutôt que d'assurer mon salut. Dans mon esprit, c'était clair : aucune justice adulte ne pouvait réprimer adéquatement les abus de mes tortionnaires. Quand les jeunes gais et lesbiennes réalisent l'impuissance de leur environnement, je crois qu'ils comprennent, tout comme moi, que leur silence est la meilleure arme pour assurer leur protection. Dans la population homosexuelle, nous traînons tous ce mutisme archaïque qui a assuré notre survie, même à l'âge adulte. Après ces années de soumission imposée, nous nous accrochons à cette conduite pour éviter l'exclusion. La communauté gaie et lesbienne gagne en force chaque fois que ce silence est brisé. L'authenticité et la vérité nous affranchissent et favorisent notre émancipation. Les victimes gardent le silence, les personnes résilientes vivent dans la vérité.

Mes seuls amis

M a sœur a été mon premier grand amour et mon amie la plus fidèle quand j'étais jeune. Au secondaire, je passais le plus clair de mes temps libres avec elle. Tranquillement, j'ai quand même réussi à créer des liens avec d'autres élèves de mon école. Je me suis lié d'amitié avec d'autres exclus et je pouvais facilement échanger avec les filles. D'ailleurs, l'intelligence féminine surpassait de loin les biceps et la lâcheté intellectuelle des jeunes garçons de mon âge. Bien que certaines filles aient participé à mon bannissement, elles ne s'encombraient que très rarement de la même déficience sociale que les garçons. Je ne me suis jamais lassé de la présence du sexe opposé, et encore aujourd'hui, j'évolue plus facilement avec les femmes qu'avec les autres hommes.

Mes deux seuls amis garçons étaient Dominic, un grand mince qui se passionnait pour le patinage artistique, et Philippe, un enfant de témoins de Jéhovah que tout le monde traitait comme un initié du diable à cause de sa religion. Mon affection pour ces deux garçons était sans bornes, même si nous ne discutions pas en détail des drames que nous vivions en parallèle. Nous comprenions, inconsciemment, que nous devions nous unir pour passer à travers notre tourmente obligée. Dominic était un garçon des plus sensible et, avec son sens de l'humour, il arrivait à me faire rire dans les pires situations. Avec Philippe, nous échangions sur la vie, sur la religion. J'étais fasciné par les croyances que lui et ses parents entretenaient. J'avais des parents athées, alors j'essayais, grâce à son expérience, de concevoir l'existence d'un Dieu.

Choisissons-nous nos amis ou notre parcours nous oblige-t-il à nous associer, par affiliation, à une confrérie ? Nos alliances sont sûrement plus significatives que nous l'imaginons. Les synergies entre individus ont toujours une logique qui nous permet d'accroître notre estime personnelle et sociale. Mes agresseurs formaient une ligue qui permettait à leur virilité de s'exprimer avec véhémence dans un regroupement qui valorisait la dépréciation d'autrui pour construire leur personnalité et maintenir leur estime. Mon groupe privilégiait la connaissance, le partage et le respect des autres pour atteindre le même objectif. Aujourd'hui, mon expérience me permet d'affirmer que la première stratégie de développement basée sur la socialisation violente gagne à court terme, mais qu'à long terme, la diplomatie, la différence respectée et la considération d'autrui ont toujours le dernier mot. Les actes de violence finissent toujours par perdre leur sens dans une société évoluée. J'ai perdu cinq années de ma vie à stagner, à croire que ma vie était en faillite, qu'il n'y avait pas d'espoir, qu'il n'y avait pas de place pour les Jasmin Roy du monde entier. Ma perception, à l'époque, était altérée par un vertige trouble : j'aurais assurément sombré dans une obscurité sans retour si je n'avais pas pu compter sur la présence consolante de mes amis.

Les terreurs nocturnes

Le stress à l'école était si dévastateur que mes angoisses ont tranquillement épousé mon sommeil. Au début de ma deuxième année de secondaire, l'insomnie gagnait peu à peu du terrain et me privait de ces heures essentielles pour récupérer de mes journées exténuantes à l'école. Mon anxiété maladive se manifestait de plus en plus la nuit, à un point tel que j'étais convaincu qu'une maladie très grave m'affligeait. En plus, la relation entre mes parents s'effritait et les conflits se multipliaient à la maison. Mon insécurité me gouvernait au point où je ressentais des malaises continuels : coups de chaleur, étourdissements, nausées, vertiges, diarrhées. Je n'avais que treize ans et j'avais déjà l'impression d'avoir trop vécu : j'étais fatigué, incapable de me reposer, sans paix d'esprit. J'appréhendais chaque début de nuit. Je pouvais passer de longues heures à tourner dans mon lit, couvert de sueur, comme si mon corps évacuait tous les tourments de la journée.

Mon état de santé s'est rapidement détérioré. Après plusieurs heures de résistance dans mon lit, j'arrivais à m'endormir, mais la nuit, je me réveillais soudainement, secoué par de terribles tremblements. Mon corps était possédé, attaqué par une froide névrose qui me glaçait le sang et martelait mon estomac d'un mal de cœur obstiné. À mon réveil, je m'assoyais dans mon lit dans l'espoir que cet épisode serait bref, car ces crises se multipliaient. Je pouvais traverser des moments semblables deux à trois fois par semaine. Parfois, je réussissais à calmer la crise, mais généralement, mes efforts pour me calmer avortaient. Je restais coincé. Alors, je me rendais à la salle de bain, je m'assoyais sur la toilette et j'attendais le dénouement final. Pendant trente à quarante minutes, mon corps tremblait comme une feuille et un vomissement incontrôlable réussissait à m'épuiser et à calmer l'agitation. Je retournais ensuite me coucher, exténué mais heureux de pouvoir enfin dormir quelques heures l'esprit en paix.

Les cauchemars s'intensifiant, mon inconscient n'arrivait plus à purifier mon esprit par le rêve. Je me réveillais souvent la nuit en criant, inondé de sueur, le cœur emballé, paniqué par un rêve dont je ne me souvenais jamais. Ces terreurs nocturnes se mélangeaient à mes frayeurs diurnes, et elles me propulsaient dans l'incapacité la plus complète à les contrôler en me paralysant en plein cœur de la nuit.

À cette époque, j'ai bien consulté des médecins généralistes qui ont diagnostiqué un simple problème d'estomac nerveux et capricieux. Ma mère surveillait mon alimentation pour éviter tout débordement nocturne, mais sans grand succès. Je n'ai jamais compris comment des adultes intelligents, des médecins, n'arrivaient pas à saisir que ces symptômes n'étaient qu'une manifestation d'un mal-être grandissant et dangereux. Si j'avais été un adulte à cette époque, les médecins auraient pris mon état de santé beaucoup plus au sérieux. J'avais un trouble d'anxiété généralisée, des problèmes d'insomnie, une mélancolie persistante, une fatigue chronique et des troubles de l'humeur causés par l'écrasement en masse de mon estime personnelle. Mais encore fallait-il avoir le temps de se préoccuper de cet enfant en difficulté, l'interroger, enquêter et approfondir l'examen en cherchant l'essence du mal. Un adulte aurait bénéficié d'aide psychologique, de médication, de soutien, mais un enfant, à quoi bon ? Tout le monde sait que ça va passer ! Il commence l'adolescence, c'est sans doute hormonal ! On banalisait mon drame scolaire, et voilà qu'on sous-estimait mes problèmes. Ma seule consolation, c'était le silence. « Ferme ta gueule, Jasmin. On te déprécie à l'école et on sous-évalue ta souffrance ! » Je n'accuse personne, le blâme appartient à l'histoire maintenant. Autre temps, autres mœurs. Ce qui me perturbe à présent, ce sont les témoignages de jeunes qui sont encore pris dans ce cycle infernal et à qui on sert la même recette qu'on m'a servie il y a trente ans. Inquiétant.

Quelques mois plus tard, mes parents divorçaient : ma mère prit la famille en charge et mon père poursuivit sa vie de bohème seul.

L'éducation physique

À l'école secondaire de Warwick, on séparait les garçons et les filles pour les cours d'éducation physique. Je maudissais chacune de ces périodes qui me condamnaient à me livrer en pâturage à mes bourreaux. Durant ces heures d'exercices obligatoires, les garçons de ma classe arrivaient à réduire leur jugement et supprimaient le peu d'intelligence qu'il leur restait pour se vautrer dans la stupidité et la méchanceté la plus primitive. Il y avait une proie à traquer, un faire-valoir sans défense à ridiculiser qui était incapable de rivaliser avec eux : « la Jasmine ». La chasse était ouverte, tous les coups étaient permis, et les professeurs, évidemment des hommes, prenaient un malin plaisir à participer à l'humiliation collective.

Pendant cinq années au secondaire, nous avons eu les mêmes activités dans ces classes : handball, volleyball, basketball, badminton, *flag football*, bref, une originalité dégarnie qui a vite fait de m'enlever le goût de faire de l'exercice physique. Nous devions toujours former des équipes au début de chacune des périodes. Le professeur nommait les plus costauds de la classe et les couronnait chefs d'équipe. On tirait au sort quel chef aurait le privilège de choisir le premier membre de son équipe, et le choix se faisait en alternance, donc celui qui devait choisir en deuxième savait très bien qu'il se retrouverait avec moi dans son équipe. Dès le tirage, les premiers rires fusaient de partout : « Ha, ha, ha ! Tu vas te retrouver avec Jasmine ! » Mon professeur d'éducation physique riait à gorge déployée avec l'ensemble des élèves, trop idiot pour me choisir comme chef d'équipe et m'éviter un tel abaissement général. On me laissait le plus souvent possible sur le banc des joueurs durant les parties et, quand on daignait me faire une place par obligation, le collectif s'acharnait à me faire comprendre que j'étais un bon à rien. On me faisait trébucher, on me poussait pour que je n'arrive pas à exécuter une passe, on lançait le ballon avec force sur moi pour me faire mal ou pour me faire perdre tous mes moyens. Après chacune de ces manigances, un rire unanime se répandait en écho dans le gymnase.

À cause de l'ensemble de ces expériences, j'ai été incapable, pendant des années, de prendre ma place dans un groupe d'hommes hétérosexuels. Au début de l'âge adulte, l'anxiété me paralysait et étouffait chacune de mes paroles lorsque j'étais en présence d'hommes uniquement. Par habitude, je traînais cet automatisme, ce mauvais pli qui exprimait en silence mon inaptitude à rivaliser avec les autres hommes ; un comportement qui n'avait plus lieu d'être, mais que j'ai traîné longtemps comme un boulet. Pas facile de se débarrasser de comportements qui, dans un certain sens, ont assuré notre survie.

Les cours d'éducation physique ont été pour moi les périodes les plus insupportables de mes études secondaires. Les manifestations de violence s'intensifiaient à mon endroit durant ces heures interminables. La complicité masculine s'organisait autour d'une synergie abjecte qui n'avait qu'un seul but : mon anéantissement. Que les garçons de mon âge agissent ainsi était difficilement concevable, mais que les adultes y participent était inacceptable. Qu'un professeur vienne renforcer les agissements délinquants de ses élèves parce qu'il est homophobe ou qu'il ne supporte pas la présence d'un garçon efféminé est simplement abominable. Les dommages causés par ces professeurs ont été encore plus grands que ceux laissés par mes pairs. Les adultes qui enseignent doivent interdire ces agissements et les réprimer ; les valoriser permet une escalade démesurée de la brutalité et encourage ses excès. Les enfants sont cruels ? Ah oui ? Et les adultes ? Où étaient-ils quand je me faisais battre ? Que faisaient-ils quand les jeunes me couvraient d'insultes ? Qui étaient les plus cruels : les élèves ou les professeurs qui n'intervenaient pas ? À qui la faute ?

Avec le recul, j'ai réalisé que les intervenants et les enseignants ne veulent pas s'investir dans une démarche antihomophobe par peur d'être étiquetés comme alliés des homosexuels. Certains d'entre eux sentent même leur virilité menacée, alors ils participent ouvertement aux assauts pour éviter de passer pour des « tapettes ».

L'éveil du printemps

À mes quatorze ans, les choses ont commencé à changer graduellement. Les deux premières années de mon secondaire étaient enfin derrière moi, et malgré les séries d'agressions répétées, j'avais réussi à me valoriser en obtenant de bonnes notes. Mes parents s'engageaient dans leur divorce et ma mère prit la décision de nous installer dans un petit appartement du village de Warwick. Mon père, de son côté, gardait la résidence du 6ᵉ Rang à Tingwick. La séparation de mes parents a été une tragédie pour moi : ce n'était rien pour assurer mon équilibre psychologique durant ma tourmente scolaire. Toutefois, leur rupture a eu ceci de bon : je n'avais plus à supporter les trajets d'autobus matin et soir pour me rendre à l'école. J'étais libéré de deux heures complètes de harcèlement continu au quotidien. Faible consolation... Enfin, un certain baume venait apaiser mon anxiété maladive.

Mon passage à la puberté ne fut pas de tout repos. Soudainement, les fantasmes caressaient mon imagination et mes fantaisies sexuelles se multipliaient. Je fixais de plus en plus mon attention sur les garçons, j'érotisais leur virilité, je rêvassais pendant des heures dans l'espoir que mes songes provoquent une proximité sexuelle avec l'un d'entre eux pour qu'enfin je puisse échanger mes pulsions et les libérer dans un majestueux coït amoureux. Ces manifestations normales de mon développement sexuel me perturbaient et engendraient un conflit discordant dans l'évolution de ma personnalité.

Après les cours d'éducation physique, tous les garçons se réunissaient dans le vestiaire des gars pour se changer et prendre leur douche. Bien entendu, je n'ai jamais pris ma douche avec les autres élèves de peur qu'on me harcèle et qu'on en profite pour entreprendre de nouvelles attaques à mon égard. Je détournais constamment mon regard devant les corps dénudés des jeunes de ma classe dans l'angoisse que mes pulsions me trahissent. Combien j'ai eu honte d'avoir des érections en les regardant, combien je me sentais coupable de ressentir du désir pour mes bourreaux. J'ai même aimé secrètement plusieurs d'entre eux, et le soir venu, dans mon lit, je spéculais sur des chimères enlevantes et libérais mes tensions sexuelles en imaginant des échanges charnels avec les objets de mes fantasmes.

Je composais très mal avec cet éveil du printemps qui me confrontait à ma propre réalité. J'étais devenu ce que je craignais le plus au monde : un « osti de fif », une « tapette », une calomnie sociale. Je devais donc baisser les bras et donner raison à mes agresseurs. J'étais désormais l'incarnation achevée de leurs injures. Et pour accroître le conflit intérieur, j'étais tombé profondément amoureux de mes ennemis et je souhaitais ardemment faire l'amour avec certains d'entre eux.

Dans les vestiaires des garçons, j'assistais à des échanges plutôt surprenants entre certains gars soidisant « hétéros » de ma classe. Ils exposaient librement leur nudité devant l'ensemble des élèves, présentant impudiquement leur sexe et leur corps dans l'espoir d'attirer le maximum d'attention sur eux. Quelques-uns faisaient semblant de se masturber en empoignant fermement leur pénis dans leur main, d'autres s'amusaient à se frapper les fesses. Ils comparaient sans cesse la grosseur de leur pénis et prenaient un malin plaisir à toucher impunément le sexe de leurs confrères, à palper l'interdit. Quelquefois, ils s'attroupaient autour d'un seul garçon et frottaient maladroitement les parties génitales de ce dernier pour provoquer une érection. Je n'arrivais pas à saisir cette dichotomie dans leurs agissements : d'un côté, ils écartaient les jeunes hommes plus efféminés et refusaient la présence de « tapettes », comme ils disaient ; d'un autre côté, ils jubilaient en s'exposant nus publiquement et en se tripotant les fesses et les organes génitaux collectivement. Pourtant, on peut facilement faire une analogie entre ce genre de conduite et la proximité homosexuelle courante. Ils vous auraient dit, et ils vous diraient encore aujourd'hui, que ce n'était qu'un jeu. Étonnant, quand même, que les filles, de leur côté, ne pratiquaient pas ce genre de divertissement ! Pourquoi donc les garçons écartaient-ils tout individu qui pouvait évoquer ou correspondre à des préjugés sur l'homosexualité ? Reniaient-ils une partie du développement normal de leur propre sexualité ? Comprenez-moi bien ici : je ne dis pas que ces garçons étaient ou sont homosexuels, mais que ces démonstrations publiques, ces formes de camaraderie étaient un processus normal et essentiel dans la découverte de leur sexualité et dans la forme future qu'elle allait emprunter. Leur violence envers moi était-elle une façon inconsciente de renier une des facettes de leur propre sexualité ?

Les recherches du zoologiste et médecin américain Alfred Kinsey sur les rapports sexuels tendent à soutenir cette thèse. Alfred Kinsey a mené une série d'études au milieu du 20e siècle qui ont permis d'observer que l'homosexualité et l'hétérosexualité ne sont pas nécessairement deux orientations sexuelles et amoureuses exclusives. Elles constituent plutôt les pôles d'un même continuum de l'orientation sexuelle. À partir de deux recherches sur le comportement sexuel des Américains réalisées auprès de quelque 5 300 hommes (en 1948) et de 8 000 femmes (en 1953), Kinsey a établi une échelle portant sur la diversité des orientations sexuelles. Cette échelle, graduée entre hétérosexualité (0) et homosexualité (6), avait comme but de mesurer les individus en fonction de leurs expériences et de leurs réactions psychologiques. Les rapports affirment que près de 46 % des sujets mâles ont sexuellement « réagi » en présence de sujets d'un sexe ou de l'autre pendant leur vie adulte, et que 37 % ont vécu au moins une expérience homosexuelle.

← Avec ma mère, Denise, dans la cuisine de notre appartement de la rue Hutchison à Montréal, en 1967.

↓ Au téléphone, à deux ans.

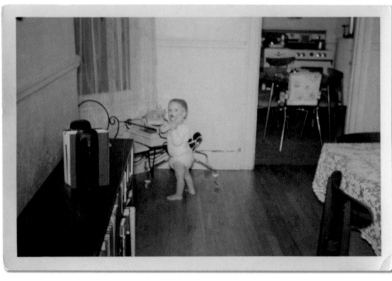

← Lors de mon entrée à la maternelle.

↓ Quelques cartes d'étudiant, de la maternelle à l'université.

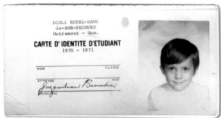

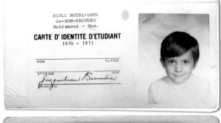

↑ À treize ans, à la guitare.

↗ Avec la coupe de cheveux en
vogue au début des années 1970,
celle de René Simard !

→ À dix-neuf ans, à l'époque
où je pensais naïvement pouvoir
devenir mannequin.

↑ Avec Patricia Paquin et Danièle
Leduc, durant une répétition de
Chambres en ville.

→ Au cours d'un atelier
d'interprétation au cégep Lionel-Groulx.

↑ Photo de casting, à l'âge
de vingt-six ans.

Les apparences qui ne trompent pas

Dès mon jeune âge, j'adorais coordonner les couleurs de mes vêtements et, à l'adolescence, je me suis découvert une passion pour la mode. J'aimais l'excentricité et je suivais autant que possible les nouvelles tendances : j'ai porté fièrement la « coupe Rod Stewart » au début des années 1980, même si on riait de moi à l'école. Un garçon qui se respectait, dans ma campagne lointaine, ne devait surtout pas s'intéresser à la mode : c'était une affaire de femmes. Malgré toutes les injures et les moqueries, je portais quand même dignement mes tenues. J'étais peut-être la risée des autres avec mes « guenilles de fif », mes « accoutrements de tapette », mais le plaisir de les porter surpassait toutes les railleries. Je me consolais en me disant que la folle de service, elle, avait du goût, et qu'un jour ma différence serait glorifiée.

J'ai été assailli par une poussée de croissance, pour ne pas dire une « excroissance », entre ma première et ma troisième année au secondaire. En trois ans, je suis passé de quatre pieds et demi à six pieds. J'avais l'air d'un squelette ambulant, d'une échalote ; on me comparait à David Bowie à l'époque où il était *junkie*. Physiquement, je n'avais rien pour moi, et en plus, je ne m'habillais pas comme les autres.

Malgré le fait que je prenais soin de ma tenue, je me trouvais laid, trop maigre, difforme, et j'avais une meute qui me le rappelait tous les jours à l'école. J'étais convaincu que je ne méritais pas d'être aimé, que jamais je n'aurais la chance de partager ma vie avec un garçon. D'ailleurs, j'avais appris à mentir à ce sujet, je m'exerçais à cacher à mes amis et à ma famille toutes mes inclinaisons pour le sexe fort. J'inventais des blondes imaginaires, j'exprimais à haute voix des commentaires homophobes devant mes pairs pour dissimuler mes propres penchants. D'ailleurs, c'est habituellement ce mécanisme qui se met en branle chez plusieurs adolescents qui doivent composer avec cette orientation sexuelle naissante que leur entourage repousse. Pour éviter d'être ostracisés davantage, les jeunes gais et lesbiennes empruntent souvent le discours socialement accepté pour cacher l'éclosion de leur penchant. Est-ce une conduite normale? Un mécanisme d'adaptation nécessaire? Dans une société qui véhicule une honte intrinsèque envers l'homosexualité, oui. Si l'environnement immédiat de nos enfants mettait en place des stratégies qui considèrent favorablement l'homosexualité, nous n'aurions pas à dénigrer publiquement l'essence de notre nature à l'apparition de ses premières manifestations. Je croise plusieurs gais et lesbiennes qui mènent encore aujourd'hui un combat intérieur malsain pour leur acceptation et qui adoptent une foule de comportements morbides pour éviter d'étaler leur orientation sexuelle publiquement. Ces agissements alimentent les préjugés et lancent un message pernicieux à l'ensemble de la collectivité, surtout aux jeunes gais et lesbiennes. Garder le silence, cacher nos inclinaisons, c'est admettre qu'être gai ou lesbienne est une tare et que même si nous bénéficions des mêmes droits que les hétérosexuels, il vaut mieux dissimuler nos penchants si nous voulons profiter du même avancement social que les autres.

Nos jeunes ont besoin de modèles forts provenant de toutes les sphères de la société qui sauront les inspirer et soutenir leur estime lors de leur passage au secondaire. À mon époque, les modèles étaient rares, presque inexistants. Je n'avais donc aucune référence pour m'inspirer et soutenir mon estime en m'indiquant ouvertement qu'être gai n'est pas une anomalie, mais bel et bien une condition qui ne nous empêche en aucune façon de nous réaliser dans la vie et d'être respectés.

À cause de tous les préjugés véhiculés autour de moi dans ma jeunesse, j'ai fini par croire qu'être gai était un dérèglement, une inconduite. Mon entourage a réussi à me convaincre que les homosexuels étaient une race à part dont il faut se méfier, qu'il faut même éviter. Mais comment s'échapper de cette orientation sexuelle quand elle fait battre notre cœur, quand elle est le fondement même de notre être ?

Quatrième secondaire

À ma quatrième année du secondaire, les humiliations répétées s'essoufflaient tranquillement. Après
la troisième secondaire, on retirait les élèves les plus
délinquants, les moins adaptés au système scolaire, et
on les envoyait dans une école de métiers profession-
nels à Victoriaville. La majorité de mes tortionnaires a
brusquement disparu, et je pouvais donc enfin respirer
un peu. J'ai réalisé, à ce moment, que les élèves qui
espéraient accéder à des études supérieures n'avaient
aucun intérêt à ridiculiser les autres. J'étais toujours
un peu mis de côté, mais je sentais une volonté sincère
de transformer les perceptions envers moi au sein du
groupe. Il faut dire qu'en général, c'étaient surtout des
garçons qui se trouvaient à terminer leur secondaire à
l'école des métiers, tandis que les filles, plus studieuses,
restaient et terminaient leur secondaire pour poursuivre
ensuite leurs études au cégep.

En quatrième secondaire, à mon grand bonheur,
les filles sont devenues majoritaires dans les classes,
sauf dans les cours d'éducation physique évidemment,
puisque nous étions séparés d'elles. La présence accrue
de la gent féminine imposait une plus grande discipline

durant les périodes, un plus grand respect des autres ; l'apprentissage prenait enfin une place de choix. Rendu à ce niveau, on comprenait qu'il fallait obtenir de bonnes notes si on voulait s'inscrire au cégep et accéder à l'orientation de notre choix. Les rires et les injures ont fait place à un silence apaisant dans les classes, je n'avais plus qu'à faire face aux récréations et aux heures de dîner pendant lesquelles je m'abritais le plus clair du temps à la bibliothèque, sachant très bien qu'il était interdit d'y parler.

Mon réseau d'amis s'est élargi, j'avais de bonnes notes et, quand venait le temps des travaux d'équipe, les filles de ma classe convoitaient ma collaboration pour s'assurer de bons résultats. Cette année-là, j'ai recommencé à sourire, à parler. Je craignais toujours les représailles de certains garçons, mais les filles m'autorisaient à m'exprimer sans me ridiculiser et elles appréciaient mon intelligence. La peur d'être vu ou associé à la « tapette » de l'école se dissipait peu à peu, mais elle tardait à s'effacer complètement de mon âme. Même si on m'accordait une certaine place, j'avais toujours l'impression de devoir me mettre à l'écart, par habitude, par soumission. Je devais reconstruire mon estime meurtrie par les années d'injures qui avaient tatoué des blessures permanentes en moi.

Depuis ma tendre enfance, je caressais le rêve de devenir comédien. Les élèves de la cinquième secondaire formaient chaque année une troupe de théâtre sous la direction du professeur de français, Claude Provencher. Claude enseignait également le français en quatrième secondaire, et il nous initiait au bonheur continu de la lecture et partageait son amour pour le théâtre avec tous les élèves. Je m'étais juré que je m'inscrirais l'année suivante à sa troupe de théâtre, loin de me douter de tout l'impact que ce choix et cet homme auraient sur l'ensemble de ma vie.

La résilience par le théâtre

Deux professeurs ont marqué mon passage au secondaire : Jocelyne Charland, enseignante en musique, et Claude Provencher, dont la discipline était le français et qui nourrissait un grand amour pour le théâtre. Les arts m'ont accompagné dans ma résilience et ont assuré, en grande partie, ma survie à l'âge adulte. Si je n'avais pas eu le privilège de croiser ces deux professeurs durant mon adolescence, j'aurais sûrement sombré dans une profonde dépression ou je serais devenu alcoolique ou toxicomane. Les arts m'ont permis de rêver et de traverser ma tempête dans l'espoir de joindre, un jour, une communauté plus tolérante qui célébrerait ma différence et apprécierait ce que mes pairs repoussaient.

Jocelyne Charland fut une grande inspiration pour moi. Elle avait su détecter chez moi un certain talent pour le chant et la musique. Combien de fois a-t-elle essayé de me sortir de mon mutisme en me disant : « Chante Jasmin, tu as une belle voix, déloge ta timidité ! Ta voix doit faire résonner sa beauté à tout ton entourage. Sors de ton silence, fais-toi entendre ! » Comme je la trouvais insistante, déstabilisante par moments ! Mais aujourd'hui, je la remercie pour son insistance et sa détermination, car grâce à elle, mes silences étaient suspendus et laissaient place à des parenthèses de plaisir que me procuraient le chant et la musique. Elle me prenait souvent comme modèle pour les autres élèves. Elle encensait mon talent et me couvrait de louanges. Pourtant, je ne crois pas que j'avais une voix ou une disposition particulière pour le chant et la musique, mais je sentais que Jocelyne me comprenait et qu'elle tentait de me dire, indirectement, que j'avais des habiletés que je cachais de peur qu'elles soient ridiculisées par les autres. Sa persévérance constante à favoriser le dévoilement en public de mes talents triturés par la crainte m'a permis de rêver, de briller pour quelques instants. Elle faisait jaillir la lumière éteinte dans mon âme, et le ciel, assombri par mes tourments quotidiens, s'éclaircissait durant ses cours. Grâce à elle, je me suis enrichi, et elle m'a transmis son amour pour la musique classique. Je ne l'ai jamais revue, mais je tiens à lui rendre un vibrant hommage et à la remercier de tout mon cœur pour ce riche héritage qu'elle m'a légué.

Si la musique a bercé ma souffrance, le théâtre, lui, m'a permis de me hisser au sommet de la gloire à ma dernière année du secondaire. Claude Provencher, notre professeur de français, s'était donné comme mission de constituer chaque année une troupe de théâtre avec les finissants. Je me souviens encore clairement de la journée où, à la fin d'un cours, il a invité tous les élèves de la classe intéressés par le théâtre à se joindre à sa troupe. Je me rappelle être resté figé, paralysé. Je devais prendre un risque et me soumettre à mon désir de devenir comédien. Plusieurs élèves se sont levés spontanément pour inscrire leur nom sur une feuille couchée sur son pupitre. Tous les intéressés avaient réservé leur place, mais je n'arrivais pas à trouver le courage de me lever et d'aller écrire mon nom sur la feuille. Terrifié par la crainte d'être ridiculisé, je n'osais pas m'exposer devant l'ensemble de la classe. Et si les autres se moquaient ? « Ah non, pas Jasmine ! Pas la tapette ! Qu'est-ce qu'on va faire avec le fif, il va jouer le rôle de la fille ? » L'effroi m'immobilisait. C'est à ce moment que la cloche a sonné pour annoncer la récréation. Les élèves agrippaient leurs effets personnels à la hâte, et Claude a lancé la phrase qui a marqué ma vie : « Si vous caressez secrètement le désir de faire du théâtre, c'est votre dernière chance, ne la laissez pas passer. Si vous avez peur que les gens se moquent de vous parce que vous avez cette ambition, vous avez une raison de plus de vous inscrire. » C'est à cet instant que j'ai pris le risque ultime, un risque qui allait changer ma vie. J'ai pris une grande respiration, je me suis levé d'un trait, sans regarder autour de moi, et j'ai inscrit mon nom sur la liste. Claude m'a souri chaleureusement et j'ai senti, ou peut-être imaginé, qu'il avait exprimé cette dernière phrase pour moi. À ma grande surprise, personne ne s'est moqué de moi dans la classe.

La troupe de théâtre de cinquième secondaire se réunissait pour répéter deux fois par semaine, après les heures de cours. Claude était un professeur de français des plus sévère et il gardait cette attitude même durant nos activités théâtrales parascolaires. Pas de place pour l'indiscipline ; pour lui, monter une pièce de théâtre était un travail sérieux. Pour avoir des résultats satisfaisants, nous devions répéter avec rigueur pendant de longues heures. Au début des répétitions, je me tenais à l'écart, je n'osais pas trop m'engager dans cette nouvelle activité de peur de déclencher de nouveaux châtiments à mon endroit. J'observais. Nous avons fait plusieurs lectures en groupe de la pièce *Au cœur de la rumeur*, qui avait été créée à l'époque par le Théâtre de Carton. La pièce rassemblait une série de scènes dans lesquelles les jeunes s'interrogeaient sur la sexualité, l'amour et leur avenir. Après les lectures, Claude distribua les rôles. Nous devions interpréter plusieurs personnages différents dans cette œuvre. À la grande surprise de tout le monde, notre professeur de français avait distribué à chacun des élèves des rôles qui nous poussaient à nous remettre en question, à repousser nos limites. Claude n'était pas un adepte de la facilité.

Aussitôt que la distribution fut terminée, je me suis animé, captivé par ce nouveau défi qui m'attendait. J'ai passé de longues heures, seul dans ma chambre à coucher, à chercher, à construire mes personnages et à leur donner vie. La première journée de répétition, la magie a opéré. J'arrivais confiant sur scène pour livrer l'aboutissement de mes efforts. À mon grand étonnement, les autres élèves applaudissaient mes initiatives et ma détermination. Les personnages inventés dans mon intimité prenaient vie, et les rires contagieux de mes collègues lors de certaines de mes répliques me prouvaient que j'avais un talent qui surpassait tous les préjugés. Ce jour-là, pour la première fois de mon adolescence, des élèves de mon école qui faisaient partie de ma troupe de théâtre ont insisté pour que je rentre avec eux à la maison. Je faisais partie de la gang. Ma vie venait de changer.

Nous avons répété la pièce pendant six mois. Les liens se resserraient et les amitiés grandissaient. Même ces garçons qui, à une certaine époque, évitaient ma compagnie, me talonnaient pour passer du temps avec moi. Le théâtre m'avait sauvé, je n'étais plus une abomination dont il fallait se défaire.

En mai, nous avons présenté plusieurs représentations de notre pièce de théâtre aux autres élèves de l'école, et les commentaires furent unanimes à mon endroit ; désormais, j'étais la nouvelle vedette, la *star* de l'école secondaire de Warwick. Les élèves qui avaient assisté au spectacle me couvraient de compliments. Cette fois-ci, on venait spontanément me parler non pas pour m'insulter, mais bien pour me féliciter et me complimenter. Devant l'ampleur de notre succès, d'autres écoles ont commandé notre pièce et toute la troupe s'est retrouvée à faire une mini-tournée dans les écoles des autres villages de la région. Nous avons également présenté une série de représentations supplémentaires dans notre établissement scolaire.

Cette année-là est gravée dans mon cœur pour l'éternité ; j'ai compris qu'avec le temps, on gagne à être différent, encore faut-il prendre le risque d'exprimer haut et fort qui on est. C'est le plus grand succès de ma vie. J'étais un garçon maigre, efféminé, rejeté, si on se fiait à mon allure, mais au-delà des apparences, j'étais un être sensible, plein de talent, qui savait donner vie à des personnages et créer une certaine magie sur scène. On découvrait pour la première fois mon charisme enfoui que j'avais décidé de faire briller en surmontant ma peur du ridicule. Tous les êtres humains ont cette flamme intérieure qui ne demande qu'à se dévoiler ; il faut donc soustraire de l'environnement immédiat tout comportement qui peut la réprimer. Le miracle s'était produit : j'accédais à une place de choix parmi les finissants. Je croyais que mes malheurs étaient terminés, révolus, que plus jamais je n'aurais à faire face à ces angoisses qui avaient asphyxié ma puberté. J'existais.

Au méchant prof de français qui nous imposait des dictées chaque jour, à l'amoureux de la langue française, au passionné de théâtre, à l'auteur, je rends hommage, car c'est grâce à lui si j'écris aujourd'hui et si j'ai poursuivi mon rêve. Merci Claude.

Le bal des finissants

Après avoir composé avec la cruauté, l'effroi et la haine, je terminais ma cinquième secondaire bordé par l'amour de mes pairs et enveloppé dans le respect et l'amitié. Je garde un souvenir merveilleux de cette année qui, à certains moments, m'a semblé presque surnaturelle. J'étais stupéfié par ces débordements d'amour, ces témoignages magiques par lesquels on faisait mon éloge. Tous les élèves voulaient écrire un mot dans mon album de finissants et me sollicitaient pour que je laisse également ma griffe dans le leur. Je parlais librement, j'échangeais avec les autres sans crainte d'être injurié. Je me sentais comme un prisonnier qu'on avait enfin libéré : je pouvais enfin rire à ma guise, m'amuser franchement. On admettait ma présence, je disposais des mêmes droits et des mêmes privilèges que les autres. J'ai cessé, cette année-là, de retenir mes besoins et je me sentais le bienvenu dans les toilettes des gars.

À mon bal des finissants, je m'étais vêtu avec toute mon excentricité habituelle : pantalon serré, chemise à manches courtes avec une petite cravate en cuir et une casquette. Personne ne s'est moqué de mon habillement, au contraire, on me complimentait et on saluait mon audace. Lors de la remise des diplômes, j'ai reçu le prix du gars le plus *sexy* de l'école. Pourtant, quelques années auparavant, on ridiculisait mes accoutrements. Que s'était-il passé? Pourquoi avais-je dû porter ma croix pendant tant d'années? Pourquoi les élèves avaient-ils changé d'opinion à mon égard? Je crois que l'éducation et la connaissance encouragent le respect d'autrui, et que l'ignorance et le manque d'éducation entretiennent un terrain propice à l'éclosion de manifestations violentes basées sur la discrimination. L'expression de mon talent devant mes pairs qui voulaient accéder à des études supérieures a aussi contribué à ce changement. J'ai profondément aimé tous les élèves de ma troupe de théâtre qui ont participé à ma seconde naissance. Je les remercie aujourd'hui de m'avoir accordé la permission d'exister, d'être moi-même et de partager leur amitié.

Après la remise des diplômes, les professeurs et les élèves ont partagé un dernier souper de fin d'études dans la cafétéria de l'école et, ensuite, nous nous sommes tous rendus dans une salle où nous avons dansé toute la nuit, comblés par un ravissement sans bornes et une joie excessive.

Une adolescence dérobée

À ma sortie du secondaire, je n'avais qu'une seule idée en tête : fuir. C'était une pensée qui avait commencé à m'obséder avant même la fin de ma cinquième secondaire. Fuir, partir, déguerpir, laisser derrière moi ces années de misère qui avaient atrophié mon estime et qui avaient laissé plusieurs marques indélébiles sur mon âme. Même si ma dernière année avait été plutôt glorieuse à l'école, rompre le contact avec le village de Warwick m'apparaissait être la seule solution viable pour effacer de ma mémoire toutes les atrocités que j'y avais vécues. Je m'imaginais, bien naïvement, que mes souffrances s'atténueraient d'elles-mêmes en m'éloignant physiquement de ce patelin. Mais ce n'est pas en désertant qu'on se console, qu'on se libère ou qu'on se rétablit. Notre douleur subsiste ; au mieux, elle est en rémission, en attente, comme une veilleuse qu'on laisse allumer la nuit pour nous rassurer. Les souffrances passées sont inscrites dans la tanière de l'inconscient et attendent le moment opportun pour revenir nous hanter. La fuite est un mécanisme de défense efficace à court terme, mais les conflits irrésolus ne se résorbent pas, ils vous accompagnent toute votre vie et s'amusent à handicaper votre existence.

On m'avait dérobé les plus belles années de ma jeunesse en m'empêchant de m'exprimer librement sur les bancs d'école ; le développement de ma sexualité s'était fait dans la honte, les carences affectives s'étaient multipliées. On m'avait privé des débordements de joie indispensables à la construction d'une personnalité solide et confiante. Ma jeunesse morte se traînait dans la désolation, je voulais tout oublier, ignorer les chagrins et les angoisses qui m'avaient habité, qui avaient été aux commandes. J'ai sauté à pieds joints dans le monde des adultes sans avoir résolu mes conflits et en sous-estimant mes lacunes.

Quand je suis parti étudier en arts et lettres au collège Lionel-Groulx dans l'espoir de m'inscrire éventuellement à l'option théâtre, je n'avais que seize ans. J'étais tellement heureux de partir de la maison familiale ! J'étais persuadé que ma vie allait s'améliorer et que j'allais enfin pouvoir vivre mon homosexualité comme je le souhaitais, mais les choses ne se sont pas déroulées comme je le prévoyais, et je suis plutôt retombé dans mes anciennes habitudes. Je restais à l'écart, j'observais. C'était plus fort que moi, comme si une voix intérieure me disait : « Sois prudent. Les gens sont méchants, ils pourraient te blesser. » Le silence avait repris du service, je luttais contre moi-même pour prendre ma place, pour m'exprimer. J'étais terrifié. La peur paralysait mes efforts, mais je luttais. Après quelques mois, je parvins à créer des liens, à aller vers les autres, à demander de l'aide. Je cachais toujours mon homosexualité, les injures passées m'ayant convaincu que c'était une tare qu'il fallait masquer. Je continuais d'obéir et j'étouffais mes pulsions.

À dix-sept ans, je fus enfin admis à l'option théâtre du collège Lionel-Groulx. J'étais le plus jeune de ma classe et, pour la première fois de ma vie, je me trouvais dans un groupe où des garçons parlaient librement de leur orientation sexuelle. Dans ma classe, je côtoyais quatre jeunes hommes qui vivaient ouvertement leur homosexualité, qui ne cachaient pas leur désir, et personne n'en faisait de cas. C'est au début de cette année scolaire que j'ai fait l'amour pour la première fois avec un homme et, au mois d'octobre, j'admettais ouvertement être gai. Je pouvais enfin vivre ma réalité, sans me mentir, sans tromper les autres, sans fausses apparences. J'étais enfin libéré. J'affirmais haut et fort qui j'étais et, pour la première fois de ma vie, j'étais fier d'être gai, de le révéler et de faire briller cette facette de ma personnalité qui avait été trop longtemps réprimée.

En m'acceptant, je m'exprimais plus librement, et c'est à cette époque que j'ai commencé à prendre plus de risques. Toutefois, dans certaines situations, je restais encore en retrait, j'avais encore peur. Peur de quoi? Peur du rejet. Je traînais en moi une crainte démesurée d'être rejeté par mes pairs.

Dans les écoles de théâtre, à la fin de chaque session, on évalue les élèves. À Lionel-Groulx, nous étions tous convoqués, à la dernière journée de classe, pour recevoir le verdict de nos professeurs. Ils se réunissaient tous dans une petite salle et nous recevaient à tour de rôle. Je me souviens d'avoir vu des élèves sortir en larmes, car on en profitait pour évincer certains élèves qui n'avaient pas assez de talent, selon nos charmants enseignants. Nous vivions dans une tension constante. Quand je me suis trouvé pour la première fois dans ce lieu clos avec devant moi une dizaine de professeurs, j'ai paniqué. Le passé faisait surface, je me retrouvais de nouveau seul devant une troupe qui pouvait aisément m'humilier, me condamner et briser mon destin. La première évaluation s'est plutôt bien déroulée, mais la deuxième fut catastrophique. Les professeurs avaient décidé de briser les élèves avant la fin de l'année scolaire ; tous les élèves ont donc reçu une pluie de mauvais commentaires. Je suis retourné à Warwick pour l'été. À mon retour, à l'automne, après quelques semaines de cours, je décidais de quitter l'option théâtre, terrifié par la simple idée de me retrouver, une fois de plus, en position de faiblesse devant dix individus qui pouvaient facilement m'anéantir. La fuite, encore. La fuite pour survivre, pour éviter le naufrage. Mais le naufrage s'avérera inévitable : on ne peut pas fuir toute sa vie.

Les premiers symptômes

Après avoir quitté l'option théâtre du collège Lionel-Groulx, j'ai terminé mes études collégiales en arts et sciences à ce même collège et je me suis payé des cours privés de théâtre avec le comédien Gaétan Labrèche dans l'espoir d'entrer à l'École nationale de théâtre du Canada. Mes efforts ont été rapidement couronnés de succès. Monsieur Labrèche avait pris le temps de m'enseigner une méthode de travail pour construire mes personnages et il m'avait armé d'une confiance majorée en encourageant et en félicitant chacun de mes efforts. Après avoir abandonné l'option théâtre à l'automne, je fus admis à l'École nationale de théâtre au printemps suivant.

Mais les choses ne se sont pas déroulées comme je l'avais imaginé. L'évaluation des élèves se faisait de la même façon qu'à Lionel-Groulx : chacun des élèves devait affronter, seul, l'ensemble des professeurs dans un espace clos. À ma première évaluation, on a identifié chez moi un manque dans mon adaptation au reste du groupe. Je restais plutôt à l'écart ; je travaillais très bien, mais je n'entretenais que peu de relations avec les autres élèves, craignant inconsciemment une exclusion éventuelle qui pourrait me blesser. Au secondaire, j'avais été dressé à me tenir à distance, à observer. Alors, comme toute victime bien domptée, je gardais mes distances et le silence. C'est d'ailleurs un comportement qui tend à resurgir chez moi encore aujourd'hui.

Cette première évaluation fut des plus pénibles pour moi. Affronter un groupe de personnes qui soulignaient, unanimement, une de mes faiblesses me replongeait dans ma détresse d'antan. J'étais complètement démoli, vide, sans moyens. Je contemplais ma douleur comme une fatalité dont je ne pouvais me départir. J'ignorais, à cette époque, que ma réaction s'alimentait à même mes conflits non résolus. L'évaluation se mutait ainsi en invasion et me dépouillait de toutes solutions puisqu'à une certaine époque, je n'avais pas su en trouver.

J'ai poursuivi mes études à l'École nationale de théâtre pendant deux ans. À la fin de la deuxième année, toutes mes forces m'avaient déserté en conséquence de la première évaluation annuelle. Cette année-là, en plus de l'odieuse évaluation périodique, les professeurs avaient convoqué tous les élèves de ma classe dans un local, avant les fêtes, et ils avaient eu la brillante idée de nous démolir collectivement en nous annonçant que nous étions « tous, sans exception » incapables de bouger sur une scène. Au retour des vacances de Noël, mes collègues de classe encaissaient encore le coup. Nous avons eu un atelier d'interprétation sur le théâtre de Shakespeare, et les élèves de ma classe n'osaient plus bouger quand ils jouaient. Nous avions l'air de pantins paralysés qui récitaient des textes. Je me demande encore aujourd'hui si une telle pédagogie pouvait réellement nous aider à nous améliorer.

Je n'arrivais plus à survivre dans cette forme d'enseignement, j'avais besoin qu'on me témoigne plus d'amour et qu'on valorise de nouveau mon talent pour qu'il puisse s'exprimer adéquatement. Sans le savoir, je sombrais dans une dépression et, pour éviter le pire, j'ai tiré ma révérence. Après avoir mis ma décision à exécution, j'ai pleuré toute la journée : je pensais que mon rêve de devenir comédien s'écroulait et que le talent qui avait assuré ma survie n'était plus adéquat.

Les sentiments conflictuels que je traînais depuis l'adolescence teintaient sournoisement mes comportements et gouvernaient mes choix. Les premiers symptômes commençaient à se manifester. Les angoisses passées, logées au fond de mon âme, s'assuraient de me remettre sur le droit chemin, le chemin qu'avaient tracé mes agresseurs. Chaque fois qu'on me confrontait, qu'on me critiquait, qu'on rejetait une de mes initiatives, j'interprétais ces actes comme des attaques, même si on voulait mon bien. J'étais incapable de créer une perspective ou de prendre suffisamment de recul pour adapter une solution aux circonstances. J'étais devenu mon pire ennemi, car j'étais incapable de gérer sainement mes émotions et de trouver des solutions. Des sentiments incontrôlables dictaient mes choix.

En route vers la gloire

Après avoir claqué la porte de l'École nationale de théâtre du Canada, j'ai occupé plusieurs emplois dans des boutiques de vêtements. J'imaginais que je partais perdant dans la vie puisque je n'avais pas terminé mes études en théâtre. Je décidai quand même de poursuivre mon rêve. J'ai embauché un photographe pour qu'il prenne des photos de *casting*, et j'ai rassemblé toute la force et le courage qu'il me restait pour faire le tour des agences. J'ai décroché quelques contrats de figuration et de rôles muets, et on m'a embauché à quelques reprises pour tourner des publicités télévisées. Pendant presque trois ans, j'ai gagné ma vie en combinant des petits contrats ici et là et mon travail à temps plein dans les boutiques.

J'ai passé plusieurs auditions, sans succès. En 1989, j'ai auditionné pour un nouveau téléroman intitulé *Chambres en ville*. On m'avait parlé du rôle d'Étienne. J'étais convaincu de décrocher ce rôle, mais ma candidature n'a pas été retenue.

Voyant que ma carrière ne démarrait pas, j'ai décidé de m'inscrire à l'Université de Montréal, car je caressais l'étrange idée de devenir psychologue. J'ai donc suivi des cours en psychologie pendant un an, une année qui m'a fait le plus grand bien, car elle a su revaloriser mon estime écrasée par toutes les tentatives pour percer dans le domaine artistique.

À l'été 1990, à ma grande surprise, on m'a appelé pour auditionner de nouveau pour *Chambres en ville*. Le téléroman avait eu tellement de succès l'année précédente qu'on demandait à l'auteure, Sylvie Payette, de réaliser des épisodes d'une heure plutôt que d'une demi-heure. Je me suis donc rendu chez Cléo 24, dans le Vieux-Montréal, pour l'audition. Le personnage était un jeune étudiant de Sept-Îles du nom de Mathias Bélanger, introverti, et qui avait de la difficulté à prendre sa place auprès des autres résidents de la pension de Louise. L'audition s'est déroulée à merveille et, une semaine plus tard, la réalisatrice, Marlène Lemire, me rappelait pour me dire que ma candidature avait été retenue. Je sautais de joie, mon rêve se réalisait enfin, envers et contre tous. J'avais fait des choix difficiles en quittant les écoles de théâtre, mais j'arrivais quand même à me tailler une place.

Les déceptions passées n'avaient plus d'importance ; je reprenais des forces. Je fonçais à tête perdue dans cette nouvelle aventure prometteuse. J'ai décidé d'arrêter mes cours à l'université et j'ai quitté mon emploi. Désormais, mon seul désir était de me consacrer à cette nouvelle carrière qui naissait, mais un défi de taille m'attendait : je devais surmonter la peur du jugement, dépasser ma timidité maladive et prendre ma place.

Chambres en ville

Chambres en ville demeure encore aujourd'hui une des plus belles expériences de ma carrière. Je n'ai que très rarement retrouvé cette fraternité naturelle qui régnait sur le plateau de ce téléroman. La magie opérait sans effort dans l'équipe, et les heures partagées avec les membres de la production ont été pour moi de purs moments de bonheur. J'interprétais le rôle d'un jeune étudiant studieux, Mathias Bélanger, qui espérait faire carrière en médecine. Mon personnage ressemblait étrangement à ce jeune homme que j'avais été lors de mon passage au secondaire. Il était timide, maladroit, et ses pairs se moquaient de lui. Durant mes deux premières années au sein de cette distribution, j'ai vécu des moments mémorables qui m'ont comblé de joie.

La même année où j'ai décroché mon rôle dans *Chambres en ville*, je suis tombé amoureux de Jean-Martin. J'ai partagé sept ans de ma vie avec cet homme. Je vivais le parfait bonheur, mes finances se portaient bien et nous avions décidé, ensemble, de nous acheter une maison à Laval.

Durant ma troisième saison dans le téléroman *Chambres en ville*, Patricia Paquin et moi avons été recrutés pour jouer dans une pièce de théâtre portant sur le décrochage scolaire et intitulée *Moi, j'décroche pas.* Johanne Fontaine en avait assuré la mise en scène. Lors d'une grande tournée québécoise, nous avons présenté cette pièce dans des salles de spectacle et des écoles secondaires. Encore une fois, je me retrouvais avec un personnage un peu renfermé qui avait de la difficulté à prendre sa place et qui était en proie aux moqueries des autres. Nous avons connu beaucoup de succès avec cette pièce, et après chaque représentation, nous répondions aux questions des élèves dans un forum ouvert. De nouveau, je me trouvais face à un groupe d'élèves, face à une réalité qui m'avait jadis déchiré.

Depuis ma sortie du secondaire, je retournais pour la première fois dans les corridors des polyvalentes. À chaque visite, je ressentais des bouffées de chaleur, des palpitations et des malaises dont la source m'était inconnue. Je ne me préoccupais guère de ces manifestations, car elles disparaissaient dès que je quittais les lieux. Plus la tournée avançait, plus l'intensité de ces malaises augmentait et me détournait de ma concentration ; je devais redoubler d'efforts dans mon travail pour soutenir mon rôle. Je n'osais pas m'attarder sur ces phénomènes émotifs, car je croyais qu'ils disparaîtraient comme ils étaient venus, en les justifiant par la fatigue. Mais malheureusement, ils se sont aggravés et multipliés. J'avais été tellement bien conditionné à l'adolescence qu'en entrant de nouveau en contact avec le milieu scolaire, mon corps sonnait l'alarme et m'avertissait d'un danger imminent. Pourtant, je n'étais pas en danger, puisque nous étions accueillis comme des vedettes dans les écoles. Mais mon esprit associait ces lieux à un danger.

Je crois que notre inconscient enregistre nos conflits et les réprime pour assurer notre survie, mais aussitôt qu'il se heurte à une réalité qu'il peut associer à un conflit non résolu, il déclenche la sonnette d'alarme et c'est à ce moment que le passé ressurgit. Dans mon cas, je crois que le retour entre les murs des écoles secondaires a déclenché cette éruption d'émotions en me plongeant dans des troubles anxieux et dépressifs graves. L'inconscient se manifestait pour m'obliger à purger mes traumatismes. Je n'imaginais pas à quel point mon état était sérieux et à quel point j'aurais à m'armer de courage pour faire face à l'étendue des dégâts.

Quand le passé refait surface

En mars 1993, ma vie a basculé. Toute l'équipe de *Chambres en ville* avait été invitée au Gala MetroStar. Après la remise des trophées, nous nous sommes tous retrouvés à la soirée d'après-gala, une fête arrosée à laquelle je me suis bien amusé. À mon retour à la maison, je me suis couché comme à l'habitude, espérant m'endormir assez vite, car quelques nuits auparavant, j'avais souffert d'insomnie inhabituelle. L'alcool aidant, je me suis endormi en quelques secondes. Quelques heures plus tard, je me suis réveillé en sursaut, je tremblais, j'avais de la difficulté à respirer, une pression terrible comprimait mon cerveau. J'étais étourdi et secoué par une crise de larmes incontrôlable. Mon conjoint de l'époque travaillait de nuit, alors, pour ne pas le déranger à son travail, je m'empressai d'appeler une amie à mon secours. Je lui ai dit en hurlant et en pleurant : « Saute dans un taxi, je suis en train de devenir fou ! J'ai mal, j'ai mal ! » En moins de quinze minutes, mon amie Francine est arrivée chez moi, et tout comme moi, elle n'arrivait pas à comprendre ce qui m'arrivait. Elle essayait tant bien que mal de me rassurer, de me consoler, sans grand succès. Elle m'enroula dans une couverture, me fit boire de la tisane et me serra dans ses bras toute la nuit, mais rien à faire, la crise ne passait pas. Nous avons tout au plus réussi à l'apaiser. Elle se coucha avec moi dans mon lit en attendant le retour de mon conjoint. Cette nuit-là, je ne me souviens pas de m'être endormi. Au matin, à l'arrivée de mon conjoint, je me suis effondré dans ses bras. Il ne me reconnaissait plus et ne comprenait pas ce qui s'était passé pour que je sombre dans cette hystérie foudroyante. J'étais complètement paniqué à cause de ce qui se passait : jamais je n'avais vécu des émotions aussi intenses, aussi horribles. La douleur était telle que j'étais convaincu que j'allais sombrer dans la folie ou mourir. C'était comme si on avait ouvert le couvert d'un « presto » d'émotions et que tous les traumatismes refoulés jaillissaient comme un geyser. Ma personnalité se fragmentait et je restais impuissant.

Je me sentais terrassé par la peur et par une frayeur diffuse, et ces sentiments me plongeaient dans une transe phobique. Une anxiété maladive m'envahissait et dominait soudainement mon existence. Ma principale appréhension était d'être envahi, de perdre le contrôle. Je me sentais en danger, sans pourtant l'être. Je craignais que la folie ne dérobe mon existence, j'allais même jusqu'à imaginer qu'une force invisible s'emparait de mon âme tellement la tourmente était absurde et démente.

Mon amie Francine rentra chez elle au petit matin. Mon amoureux trouva la patience de me calmer un peu et je pus m'endormir pendant quelques heures. À mon réveil, je me suis précipité chez mon médecin. Les symptômes de la nuit précédente, un peu moins vifs, étaient toujours présents et refusaient de se déloger de mon esprit. Quand je suis entré dans le bureau de mon médecin généraliste, je me suis effondré en larmes. La crise reprenait de plus belle, et plus je pleurais, plus l'anxiété montait. Ma respiration était haletante et ma bouche s'asséchait. Mon médecin de famille était également un bon ami, et il prit le temps de bien analyser la situation. Il m'a rassuré en me disant que tout devrait rentrer dans l'ordre rapidement. Il m'a prescrit un anxiolytique en me rassurant: je pouvais compter sur lui si j'avais besoin d'aide.

Le médicament m'a rapidement calmé, mais mon médecin m'avait formellement mis en garde contre cette médication qui pouvait créer une dépendance à long terme. Les jours qui suivirent ma première crise furent des plus intolérables: l'anxiété augmentait de jour en jour. J'ai même dû annuler des représentations de théâtre tellement je ne me contrôlais plus. Mes forces physiques m'abandonnaient de jour en jour; le matin, en me levant, je perdais connaissance. Voyant que ma situation ne s'améliorait pas, je retournai voir mon médecin quelques jours plus tard. Il me prescrivit alors de l'Anafranil, un antidépresseur souvent utilisé pour les troubles d'anxiété. Ce médicament me permit de dormir, de reprendre des forces et me fit gagner du poids, mais il ne contrôlait pas mes excès d'anxiété.

J'avais un ami qui était suivi par une psychiatre en cabinet privé et qui vantait les bienfaits de la psychanalyse. J'ai donc décidé d'appeler la thérapeute, et nous avons fixé un rendez-vous. Après avoir évalué l'ensemble de mes problèmes, nous avons travaillé ensemble pendant quatre années consécutives.

Pour commencer, il a fallu établir un diagnostic: j'avais un trouble d'anxiété généralisée causé par des traumatismes passés non résolus. Et même si les médicaments m'aidaient à dormir, je devais faire face à toutes ces craintes démesurées qui se collaient à mes pensées et qui m'obsédaient. Je n'avais pas de phobie en particulier, je ressentais plutôt une peur diffuse en moi et j'essayais tant bien que mal de lui donner une signification en la fixant sur un objet précis. Je ne me souviens pas d'avoir été victime de crises de panique avec hyperventilation qui nous empêchent par la suite de faire face à une situation en particulier. Les phobies simples poussent les gens à éviter certains lieux, certains emplacements et tout contact avec le symbole de leurs craintes. Dans mon cas, la peur séjournait en moi, mon effroi s'alimentait d'anciennes terreurs qui avaient pris racine au secondaire. J'étais, une fois de plus, soumis à la peur comme je l'avais été durant mon adolescence. J'étais de nouveau l'esclave de la terreur.

Pourtant, j'avais du succès dans ma carrière, un homme que j'aimais pour partager ma vie et une nouvelle maison. Je n'avais aucune raison de sombrer dans cette névrose. Mes inquiétudes et mes malaises se multipliaient. J'étais convaincu que j'allais tout perdre, qu'on m'isolerait, que je ne m'en sortirais jamais. J'ai pourtant continué mes activités et mon travail. Je ne me suis pas arrêté le temps d'une convalescence, et je dissimulais assez bien mes symptômes.

Une année entière s'est écoulée, et mon état ne s'améliorait pas. Je tolérais très mal les antidépresseurs qu'on m'avait prescrits au départ. Les crises d'anxiété se multipliaient et je sombrai dans une dépression majeure. Ma médication fut donc remplacée par des antidépresseurs de nouvelle génération combinés à des bêtabloquants. Les crises arrêtèrent dès la première semaine ; les médicaments rétablissaient l'équilibre chimique de mon cerveau. Cependant, je ressentais toujours une terreur intérieure qui s'accrochait, une crainte d'être envahi par quelque chose de plus fort, de plus grand que moi, la peur d'être confronté à une force si grande qu'elle dominerait l'ensemble de ma vie. J'avais été dominé, assujetti et asservi dans ma jeunesse, et ce mal de l'âme m'atteignait jusqu'au plus profond de mon être.

En fait, les traumatismes de mon adolescence qui avaient été relégués dans mon esprit pour assurer ma survie ont refait surface aussitôt que mon inconscient a pu les associer à des circonstances similaires à l'âge adulte. Je devais donc régler tous ces conflits que je n'avais pas pu résoudre.

Je n'arrivais pas à faire jaillir la colère, et pourtant, elle soutenait mon déséquilibre. Je vivais l'enfer. J'éprouvais beaucoup de haine refoulée contre mes agresseurs d'antan. Je me disais : « Vous avez volé les plus beaux moments de ma jeunesse et maintenant, vous me dérobez les meilleures années de ma vie adulte. Vous êtes des criminels, des malades, mais c'est moi qu'on doit soigner. » Il n'y avait pas beaucoup de choix qui s'offraient à moi : je refusais de me laisser couler, alors je me suis battu pour ma survie.

Sur le chemin de la guérison

Une multitude de thérapies peuvent nous aider à encadrer les troubles d'anxiété. Au départ, on m'avait conseillé les thérapies comportementales qui ne m'ont finalement procuré que peu de bénéfices. La psychanalyse, quant à elle, a pavé mon chemin vers la voie de la guérison. En associant ce qui m'arrivait à des situations de mon passé, j'arrivais à dénouer des conflits, à comprendre ce qui m'arrivait et à trouver des solutions. C'est une méthode exigeante qui nécessite un engagement profond et une rigueur de tous les instants, même dans les pires moments de tristesse ou d'angoisse. Tout comme à l'école, vous devez faire vos devoirs, consigner vos rêves, prêter attention à vos réactions au quotidien et à leurs déclencheurs.

Je voyais ma psychanalyste deux à trois fois par semaine et, si je vivais des périodes d'émotions trop intenses, elle réduisait nos rencontres hebdomadaires à une seule. Elle exigeait que je ne partage mes problèmes qu'avec elle durant les séances et que j'évite d'en parler à mon entourage immédiat le reste du temps. Nous vivions une relation dans une non-relation, puisque dans ce genre de thérapie, l'intervenant garde le silence et ne participe que très rarement. J'avais l'impression d'être en face d'un miroir, je me reflétais sur elle. Avant chaque session, je me demandais comment j'allais arriver à trouver les mots et à parler pendant une heure, mais les verbes se conjuguaient facilement en sa présence et elle ne brisait jamais mes silences pour combler les malaises.

On peut comparer la psychanalyse à des montagnes russes : on traverse des périodes calmes où l'on pense que tout est réglé, puis, sournoisement, on avance vers un nouveau précipice qui nous jette dans un vide absolu qu'on doit clarifier. J'ai ainsi établi facilement des liens entre mon trouble d'anxiété et mon passage au secondaire. Comme dans le cas d'un choc post-traumatique, je revivais une situation angoissante sans toutefois avoir d'objet associé à cette angoisse. Mes peurs s'associaient à celles de mon passé, et pour survivre, je devais donner un nouveau sens à toute cette souffrance et exprimer les émotions que je n'avais pas pu exposer dans ma jeunesse.

Au début de ma thérapie, je pleurais beaucoup et j'étais très anxieux à chaque rendez-vous. À chaque séance, je prenais un risque, le même genre de risque que j'avais pris en cinquième secondaire quand j'avais décidé de m'inscrire à la troupe de théâtre. Je sentais que je devais exposer librement ma souffrance, que j'avais toujours refoulée, et surtout cette honte réprimée d'avoir été une victime. Je me souviens que j'avais peur qu'en partageant mes craintes, le gouffre ne s'agrandisse davantage. Je sentais que mon désespoir intérieur était si grand que si j'ouvrais les valves, il me tuerait ou me ferait sombrer dans la folie. Cependant, j'ai fait confiance et j'ai pris du mieux.

Dans la deuxième année de ma psychanalyse, un changement marqué s'est opéré en moi : la peur et la tristesse ont fait place à la colère. Mais cette fois-ci, je ne la refoulais plus. Elle s'incarnait dans mes mots, et j'extériorisais l'ensemble de ma rage et de mon indignation. Pendant un an, j'en ai voulu au monde entier. J'en voulais à mes parents, à mes amis, à ces tyrans qui avaient meurtri ma jeunesse. Je proclamais l'injustice de la vie, je déclarais la guerre à mon destin. Toutefois, j'ai vite compris que la haine retenait les larmes. Et ce qui devait arriver tôt ou tard arriva. La peine, la tristesse. Mais cette fois-ci, je ressentais un chagrin sans peur, sans violence. Des larmes sincères coulaient sur les joues de cet adulte qui n'avait pas pu être un enfant : c'étaient des sanglots qui atténuaient mon anxiété, qui calmaient mes angoisses, comme si mon enfant intérieur avait crié, hurlé, dans un ultime appel au secours pour qu'on lui donne enfin la permission de pleurer. Dignement.

Les deux dernières années de ma thérapie, nous les avons passées à rebâtir ma personnalité : en refaisant ses fondations, je reprenais confiance. Ma médication fut graduellement réduite. Quand la tristesse nous abandonne, nous retrouvons la joie, le bonheur. Le meilleur antidote à l'anxiété reste et restera toujours le plaisir : il faut savoir s'amuser et profiter de la vie. Pour continuer, cependant, il faut faire la paix avec son passé, c'est-à-dire pardonner l'impardonnable et réparer l'irréparable, pour ses ennemis et pour soi-même. La résilience passe nécessairement par l'acceptation de l'inacceptable qui nous pousse à trouver les moyens de surmonter nos blessures et de les outrepasser.

Mes deux derniers mois en psychanalyse ont été consacrés à faire le bilan de ces quatre années, qui furent des plus bénéfiques pour moi. Je comprenais que ma condition me fragilisait, que je devais apprendre à prendre soin de moi et à devenir mon meilleur ami. Je savais où aller si j'avais besoin d'aide, je réalisais que mes peurs ne me tueraient jamais et qu'elles ne me feraient pas sombrer dans la folie. J'acceptais le fait que je ne serais jamais vraiment guéri, mais que je pourrais avoir une qualité de vie enviable malgré mon état. Je ne comptais plus sur mon père ou sur ma mère, j'avais réhabilité l'enfant en moi et je devenais enfin l'adulte sensé qui peut objectivement prendre des décisions. Quand j'ai fermé la porte du cabinet de ma psychanalyste pour la dernière fois, je me sentais accompli, non sans lacunes, mais heureux d'avoir traversé ma tourmente.

Aujourd'hui

Malgré tous mes malheurs, je considère que j'ai eu beaucoup de chance dans la vie. Aujourd'hui, j'évolue dans un métier que j'adore et je touche à plusieurs facettes du domaine artistique en tant que journaliste, animateur, comédien et chroniqueur. Plusieurs de mes amis vous diront que je suis un passionné de mon travail, voire un bourreau de travail. Mes activités professionnelles me valorisent au plus haut point. Je surcompense sûrement; je pallie inconsciemment toutes ces années où j'ai vécu avec une estime triturée. Mon parcours n'est pas banal et je suis heureux d'avoir fait face à mes démons, même si j'y ai été obligé. J'aurais préféré vivre une enfance heureuse et raconter des histoires merveilleuses aux accents de contes de fées, mais la vérité révélée m'a toujours servi à long terme, et je crois que mon histoire doit être entendue.

En réalité, même mes amis les plus proches n'ont jamais entendu parler de mes problèmes d'anxiété et de dépression. Je me disais que si j'avouais cette partie de ma vie, je m'aliénerais davantage et que les homophobes auraient une raison supplémentaire de dire que les gais sont malades, une raison de plus pour nous pointer du doigt. C'est seulement à quarante-quatre ans, dix-sept ans après mon drame, que j'accepte de raconter à mes proches et au public l'état pathologique dans lequel j'ai baigné à la fin de ma vingtaine. Pourquoi? Parce que j'ai compris que c'est l'intolérance et les préjugés en milieu scolaire qui m'ont rendu malade. Je me libère de cette dernière emprise que mes agresseurs ont eue sur moi.

J'entends déjà certaines personnes dire, à la publication de ce livre, « Jasmin Roy parle toujours de son homosexualité ; est-ce qu'il n'y a que ça qui l'intéresse? Il est tellement gai! Il est trop gai! » Pourtant, on ne dira jamais qu'un hétérosexuel est trop « hétéro » parce qu'il parle souvent de sa femme. À plusieurs reprises dans ma carrière, on m'a dit que j'étais « trop gai, trop identifié ». J'ai même refusé pendant des années d'accorder des entrevues sur le sujet, jusqu'à ce que je me rende compte que je dérangeais. Une homophobie sournoise se manifestait et je finissais par croire que dire trop souvent publiquement qui j'étais pouvait nuire à ma carrière. Comme à l'école, j'étais en faute d'exister, et on m'invitait poliment à me taire.

Je suis unique et j'honore celui que je suis, dans toute ma complexité, avec mes forces et mes faiblesses. Nous, gais et lesbiennes, possédons des ressources nécessaires et utiles à la société, et nous pouvons accéder à ses richesses en vivant à part entière dans un monde sans discrimination.

À mes bourreaux

Ma plus grande erreur est de vous avoir cru. Pendant des années, vous m'avez répété inlassablement que je ne valais rien, que je n'étais qu'un «osti de fif», et comme toute bonne victime, j'ai courbé l'échine en vous donnant raison pour éviter ma perte. Au début de l'âge adulte, j'ai eu peur de créer des liens significatifs avec des hommes hétérosexuels, car je me sentais menacé en leur présence, j'étais persuadé qu'ils étaient tous effrayants comme vous. En restant à l'écart, je me suis privé de liens qui auraient pu être bénéfiques pour l'émancipation de ma vie personnelle et professionnelle.

La première fois que j'ai voulu mettre les pieds dans un bar gai, j'ai dû m'y prendre à plusieurs reprises avant de trouver le courage d'y entrer. Vous m'aviez conditionné et convaincu que les homosexuels étaient une bande de sauvages pervers et qu'ils allaient tous me sauter dessus.

En assumant mon homosexualité, en fréquentant le milieu gai, j'ai découvert un monde plein de richesse, à l'opposé de vos préjugés et de vos idées préconçues. Les êtres humains de cette communauté sont aussi complexes que vous et ils sont animés par les mêmes besoins; tous veulent être heureux et ne pas souffrir. Votre ignorance et votre méchanceté ont brisé vainement une partie de ma vie.

Je n'excuse pas vos actes et vos agissements, mais j'ai pardonné votre ignorance. Peut-être que si vous aviez su à quel point vous me détruisiez, vous auriez agi différemment. Je poursuis ma vie sans vous en vouloir. La seule chose que j'espère, c'est que vous pourrez saisir le sens de mon témoignage et briser ce cycle inutile de violence auprès de vos enfants et de vos petits-enfants.

Plusieurs d'entre vous êtes des parents ou même des grands-parents. Peut-être avez-vous des enfants ou aurez-vous des petits-enfants qui seront homosexuels. Eh bien ce livre, je l'ai écrit en partie pour eux, pour leur éviter de souffrir inutilement comme moi et pour leur permettre d'évoluer dans un milieu scolaire sain. Je l'écris aussi pour vous, pour vous faire comprendre les impacts de vos gestes et pour vaincre l'ignorance. Protégez vos enfants et vos petits-enfants que vous aimez et aimerez toujours, j'en suis sûr, du plus profond de votre cœur. Ne laissez pas les préjugés mener votre existence. En admettant la différence des autres, vous embrasserez la vôtre. Une société riche prend racine dans la pluralité et la diversité des genres.

Aujourd'hui, je n'ai plus peur des hommes hétéro-sexuels. Je peux attester que plusieurs d'entre eux ne se sentent pas menacés par mon orientation sexuelle et qu'ils m'estiment avec toutes les facettes de ma personnalité. Je ne suis pas meilleur ni pire qu'eux : je suis identique. Une seule chose me distingue : ma sexualité. Je suis content de pouvoir compter sur leur amitié et je les considère comme mes meilleurs alliés.

Le clown est triste

Les gens qui me connaissent ou qui travaillent avec moi, mes amis, mes connaissances vous diront tous à quel point j'aime m'amuser. Je déplace de l'air, j'ai une personnalité assez extravertie, je plaisante sans arrêt. Ma désinvolture semble naturelle. Pourtant, elle dissimule bien des blessures, et derrière ma bonne humeur contagieuse, je cache bien des carences. Aujourd'hui, je considère que je suis doué pour le bonheur et, malgré certains passages difficiles de mon existence, l'essence de ma personnalité a résisté aux traumatismes. Chaque jour, j'essaie d'exprimer ce bonheur. Je prends parfois peut-être trop de place, c'est vrai, mais après m'être tu pendant des années, n'est-ce pas normal de surcompenser un peu? Ma lutte n'est pas terminée. Il y a encore certaines reliques de mon passé qui font surface abruptement, qui me rendent visite à l'improviste, comme si elles venaient mettre mon bonheur au défi. Certaines inquiétudes ressurgissent quelquefois et provoquent un peu d'anxiété qui s'exprime sous forme de peur diffuse ne s'accrochant à aucun symbole; une frayeur qui envahit mon corps et qui me fait encore pleurer de temps à autre. Mais je reste maître à bord, je ne suis plus assujetti par ces moments d'effroi. Je comprends que je suis fragilisé et je sais que je détiens toute la connaissance et les outils nécessaires pour traverser ces moments. Je ne porte pas de béquilles, je ne me promène pas en fauteuil roulant ; pourtant, je me considère comme un handicapé autonome. J'ai rétabli une certaine estime de moi-même, mais elle reste facilement ébranlable. J'arrive à composer avec la critique, mais je garde une certaine vulnérabilité. Quand je regarde mon parcours de façon objective, je me dis que je suis un miracle. Je suis arrivé à travailler dans un métier que j'aime, à créer des liens significatifs et à me faire respecter de mes pairs. Je ne suis peut-être pas une *superstar* ou le comédien le plus demandé à Montréal, mais je suis ma *star* à moi, car je sais tout ce que j'ai dû traverser et surmonter pour me rendre là où je suis.

Ce qui m'attriste le plus, c'est de constater que dans mon milieu de travail, il existe encore de la discrimination. Je n'irai pas jusqu'à dire de l'homophobie, mais il reste encore beaucoup de réticences envers l'étalage public de l'homosexualité. J'entends trop souvent des artistes se faire dire que s'ils veulent avoir une carrière florissante, ils doivent occulter leur orientation sexuelle. On accepte qu'elle soit vécue dans l'intimité, mais pas publiquement. Plusieurs membres de la colonie artistique n'osent pas avouer haut et fort leur homosexualité de peur de ne pas bénéficier du même avancement social que les autres. S'il y a autant d'artistes qui cachent leur homosexualité au grand public, c'est qu'il doit nécessairement y avoir des conséquences négatives à la divulguer. Sommes-nous voués à garder le silence pour faire briller nos carrières ? Certains producteurs m'ont déjà dit que lorsque nous étions ouvertement gais, nous n'étions plus « grand public ». Certains directeurs de *casting* m'ont fait comprendre qu'on ne pouvait pas offrir un rôle d'hétérosexuel à un gai sorti du placard, car les téléspectateurs ne croiraient pas qu'il est « hétéro ». Est-ce une façon détournée de me dire « osti de fif » ? En dissimulant notre véritable identité, nous entretenons les préjugés et nous admettons que nous faisons partie d'une communauté inférieure vouée à se cacher et à garder le silence.

Nos jeunes gais et lesbiennes ont besoin de modèles solides et résilients qui les aideront à cheminer vers la réussite. En étant visibles, nous assurons un héritage sain qui garantira aux prochaines générations une meilleure reconnaissance de leur différence et de leurs droits. Nous devons assurer leur protection. Vingt-sept ans après ma sortie de l'école secondaire, je constate que des vies seront brisées, comme la mienne, parce que nous n'avons pas su mettre en place suffisamment de solutions sur le terrain. Des jeunes se suicideront, fugueront, sombreront dans l'alcoolisme ou dans la toxicomanie à cause de ce silence qui perdure, à cause de ces modèles qui tardent à sortir de l'ombre.

Quand j'entends les témoignages de ces jeunes d'aujourd'hui qui sortent meurtris du secondaire, je suis triste. Triste que l'histoire se répète ; triste aussi parce que je me souviens de ma propre histoire et je ne conçois pas qu'elle soit encore d'actualité.

Des opprimés qui se transforment en oppresseurs

Ce dernier chapitre s'adresse aux gais, aux lesbiennes et aux bisexuels de notre communauté. Je ne tiens pas à vous faire la morale, mais simplement à vous mettre en garde. L'oppression exercée contre notre communauté demeure importante encore aujourd'hui. Cet abaissement social, dont plusieurs ont été victimes, a laissé des marques considérables qui nuisent, même à l'âge adulte, à notre épanouissement personnel. La torpeur nous empêche encore trop souvent de nous dévoiler au grand jour. Nous sommes trop souvent esclaves de nos peurs : peur d'être rejeté par nos pairs et par nos familles, peur de ne pas pouvoir accéder au même avancement social que les autres, peur de décevoir, peur d'être méprisé. En 2010, nous jouissons des mêmes droits que les hétérosexuels, mais encore faut-il les faire valoir. Notre communauté reste pourtant marginalisée à cause de certains archétypes méprisants dont la société a du mal à se départir. On trouve encore des manifestations de certains principes ancestraux qui qualifient l'homosexualité d'anticonformiste dans nos sociétés modernes. Nous devons identifier ces préceptes archaïques, les dénoncer et les éradiquer.

Nous devons aussi apprendre à accepter la diversité de notre propre communauté. Notre plus grand défi, dans les prochaines années, sera d'apprendre à cohabiter dans toute la gloire de notre pluralité. Nous avons acquis tous les droits : nous pouvons nous marier, fonder des familles, et nous sommes protégés par des politiques et des lois qui rejettent l'homophobie. Nous devons maintenant penser à nous et déterminer qui nous sommes. Voulons-nous devenir des opprimés oppresseurs ? Il existe dans notre communauté un clivage marqué entre les gais et les lesbiennes. Notre groupe s'est segmenté en plusieurs catégories, et chacune de ces catégories a établi une série de préjugés qui méprisent certains aspects des autres regroupements. Plusieurs gais rejettent les hommes trop efféminés, certains gais n'osent pas fréquenter des bars où il y a trop de lesbiennes, on se moque des *drag queens*, on rit impunément des homosexuels plus âgés qui sortent dans les bars, comme si être gai était réservé uniquement à la jeunesse. On méprise les gais qui font de l'embonpoint, on se ridiculise entre nous. N'avons-nous pas assez souffert de discrimination ? Devons-nous maintenant nous discriminer entre nous ? Faute de bourreaux, allons-nous prendre la place de nos agresseurs ?

La tolérance doit commencer avant tout entre nous. La force de notre communauté réside dans l'abondance distinctive de nos différences. Soyons plus intelligents que nos oppresseurs et créons une affiliation qu'on citera en exemple. Nous nous sommes battus pendant des années pour avoir le droit de vivre notre différence, alors laissons-nous maintenant le droit de vivre nos différences au sein même de notre collectivité.

Deuxième partie

Quand l'histoire se répète

Depuis la Révolution tranquille, la communauté gaie et lesbienne a fait des pas de géant. Nous avons la chance de vivre dans une société d'avant-garde qui applaudit la diversité, et nos lois protègent l'ensemble des minorités. Le Québec est la première province du Canada à s'être muni d'une politique contre l'homophobie. Cette politique répond à un besoin, car au-delà des lois, il nous faut des plans d'action concrets sur le terrain pour mettre un terme à cette épidémie d'homophobie dans nos écoles. Est-ce qu'on accepte collectivement l'homosexualité ou est-ce qu'on ne fait que la tolérer? Voilà une bien grande question, mais nous devons nous la poser. En 2010, on ne peut plus tenir ouvertement des propos homophobes dans les médias ou sur la place publique, alors pourquoi tolérons-nous que des jeunes soient encore victimes, dans les écoles, de ce genre d'agressions? Plusieurs garçons et filles se feront harceler à l'école, car leurs pairs présument qu'ils sont homosexuels, même s'ils n'ont aucune attirance pour leurs semblables. En tant que société, nous devons nous poser les questions suivantes: « En quoi l'homosexualité est-elle menaçante? Pourquoi autant de résistance? Pourquoi les intervenants sont-ils incapables de restreindre les préjugés? »

L'histoire se répète. Je ne dis pas qu'il n'y a pas eu d'amélioration, mais il faudrait peut-être regarder la réalité comme elle est et réaliser que nous n'avons pas encore gagné la bataille, surtout dans les écoles. Je n'ai pas été ébranlé en écrivant mon histoire, en vous racontant mon parcours peu glorieux. Je dois dire que j'avais un peu honte de partager mes souvenirs, mais en les écrivant, je réalisais leur importance. J'ai cependant été secoué par les témoignages de ces jeunes qui vivent ou qui ont vécu un périple similaire au mien. Trois organismes m'ont aidé à recueillir les témoignages de jeunes qui avaient souffert d'homophobie à l'école : GRIS-Montréal, GRIS-Québec et Jeunesse Lambda. J'ai même fait un appel à tous sur ma page Facebook et j'ai été surpris par tous les commentaires et les messages que j'ai reçus. Je cherchais principalement des témoignages de jeunes âgés de quinze à vingt-cinq ans, mais plusieurs personnes plus âgées ont quand même tenu à partager leur histoire avec moi. J'ai senti que plusieurs gais et lesbiennes cherchaient à se libérer de ces moments atroces de leur adolescence en prenant le temps de m'écrire. Je tiens à souligner le courage de tous ces jeunes que j'ai rencontrés pour écrire la seconde partie de mon livre. Cette deuxième tranche de mon ouvrage est pour moi la plus importante, puisqu'elle démontre à quel point nos adolescents courent un grave danger dans nos établissements scolaires. En livrant leurs témoignages, ces jeunes gais et lesbiennes ont décidé, tout comme moi, de briser le silence, de refuser la honte dans un geste d'une générosité sans bornes.

Après avoir recueilli tous les témoignages, une tristesse a envahi mon cœur. J'avais cru que tous les efforts que la communauté homosexuelle avait déployés au fil des années suffisaient pour éviter ce genre de barbarie. J'étais persuadé que les frappes étaient moindres qu'à mon époque, mais ce n'est pas le cas : les attaques sont toujours aussi virulentes. On insulte encore des élèves en les traitant de « tapette », d'« osti de fif » et de « moumoune » ; on les frappe encore gratuitement et les sanctions tardent à s'imposer. En constatant l'ampleur du problème, toutes les heures consacrées à l'écriture de mon histoire m'apparaissaient essentielles, et la souffrance partagée de ces jeunes me semblait porteuse de plus de sens que la mienne. À mon époque, les lois antidiscrimination étaient quasi inexistantes, mais quand ces actes de cruauté ont été perpétrés sur ces adolescents, nous avions des lois qui devaient protéger la communauté gaie et lesbienne contre la discrimination. Alors pourquoi les adultes ou les autorités ne sont-ils pas intervenus? Les mêmes excuses se répètent: «Les enfants sont cruels entre eux. On ne meurt pas parce qu'on se fait traiter de tapette à l'école!» Eh bien oui, on en meurt! Chaque année, des jeunes se suicident ou abandonnent leurs études parce qu'ils se font harceler à l'école, et cela, sans compter toutes les dépressions, tous les problèmes d'anxiété et d'angoisse qui seront engendrés par ces actes de cruauté, sans compter l'anéantissement de l'estime de soi.

Les prochaines pages justifient à elles seules l'importance d'agir et de mettre en œuvre des stratégies et des mécanismes efficaces pour mettre un terme à l'homophobie dans nos écoles.

Jonathan, 23 ans

J onathan était un enfant brillant qui se passionnait pour le patinage artistique, une discipline méprisée par les autres garçons de sa ville natale, Mirabel. Très jeune, il eut beaucoup de succès dans ce sport, et ses exploits paraissaient quotidiennement dans le journal local. Il fréquentait l'école primaire Prés-Fleuris, à Saint-Augustin, et c'est au cours de sa cinquième année que les autres garçons de son école commencèrent à l'insulter en le traitant de « fif », de « tapette » et de « gai », malgré le fait qu'à cette époque, Jonathan ne connaissait pas encore son orientation sexuelle. Bien que les injures le blessaient, il ne réalisait pas la nature des offenses. Rapidement, les attaques sont devenues très virulentes et répétées, à un point tel qu'elles se manifestaient même à l'extérieur de l'école. Les élèves l'attendaient après les classes pour l'assaillir et le frapper. Contrairement à bien des jeunes qui s'inclinent devant leurs agresseurs, Jonathan ripostait. Chaque fois que la directrice de son école le convoquait à son bureau, ce n'était pas pour trouver des solutions à ses problèmes, mais bien pour lui affirmer qu'il était le seul responsable de tous ses ennuis puisqu'il répliquait à ses attaquants. En un an, la situation a tellement dégénéré que la mère de Jonathan dut le changer d'école. En sixième année du primaire, il fit son entrée à l'école Sainte-Scholastique. C'était une solution vouée à l'échec, puisqu'une partie des élèves de Saint-Augustin se sont aussi retrouvés à Sainte-Scholastique et que, dès la première journée dans ce nouvel établissement, le mal reprit là où il avait été laissé. Jonathan se faisait humilier et se faisait battre dans les corridors de l'école. Dans certains cours, la menace était telle que la direction décida de le retirer de ses classes d'éducation physique pour lui éviter des frappes supplémentaires. On avait décidé de l'isoler, car les professeurs et les intervenants jugeaient qu'il était devenu un élément perturbateur constant pour le reste de la classe.

Jonathan montait à bord de l'autobus scolaire matin et soir pour se rendre à l'école, et la solution que les autorités avaient trouvée pour le protéger était de le séparer des autres élèves durant le trajet. Il s'assoyait donc derrière le chauffeur d'autobus et, malgré le fait qu'il fût sous la surveillance d'un adulte, il subissait quand même des agressions homophobes de la part des autres élèves. Le conducteur ignorait volontairement les assauts sur le jeune enfant.

À l'entrée de Jonathan à l'école secondaire, sa famille tenta une fois de plus de le changer d'école. Le jeune homme fréquenterait dorénavant la polyvalente de Saint-Eustache en sport-études. Dès la première journée à cette nouvelle école, il se fit encore agresser. Puis, telle une épidémie, les manifestations de dénigrement et d'humiliation gagnèrent l'ensemble de la polyvalente. Tous les jours, des garçons s'attroupaient à son casier pour l'attaquer, le frapper et l'injurier. En deuxième secondaire, quinze élèves ont même tenté de le tuer en unissant leur force pour faire tomber une rangée complète de cases sur lui. Jonathan fut sauvé *in extremis* par une surveillante de passage. Il aurait pu être gravement blessé ou, pire, mourir. Les divers intervenants et les professeurs n'arrivaient pas à trouver de solutions durables à ce problème récurrent. Certains enseignants et directeurs ont même participé aux attaques verbales en traitant Jonathan de « fif » devant les autres élèves, et quelques-uns ont poussé l'audace jusqu'à le faire à bureau fermé.

Pour résorber le problème, les autorités de l'école avaient décidé de mettre le jeune homme en quarantaine sans en avertir ses parents. Il devait donc sortir des cours dix minutes avant la fin de chaque période et entrer en classe dix minutes après les autres élèves. Les responsables lui faisaient perdre ainsi vingt minutes de cours par période. Durant les récréations et les heures de dîner, on le cachait à l'administration en l'isolant, comme une calamité. Cette stratégie d'évitement a duré près d'une année. On le privait de ses amis, on l'empêchait de créer des liens, de socialiser, sous prétexte qu'on voulait le protéger. Était-ce une façon détournée de punir la victime ? Voulait-on vraiment assurer sa sécurité ? Aussitôt que ses parents ont appris que leur garçon devait faire les frais de ses agresseurs, ils ont décidé de le changer d'école, encore une fois.

Durant l'été, Jonathan subit l'agression sexuelle d'un pédophile. La nouvelle se répandit comme la peste et, commérage aidant, fit le tour de la ville de Mirabel. Ses bourreaux récupérèrent rapidement cette histoire et s'en servirent comme nouvelle arme contre lui.

En troisième secondaire, il est entré à la polyvalente Deux-Montagnes où il a passé une première année un peu plus paisible, mais non sans violence. Il s'y est fait quelques amies et a remporté plusieurs médailles en patinage artistique. En quatrième secondaire, d'anciens élèves de Saint-Augustin ont fait leur entrée à cette école. Les assauts ont repris de plus belle. Cette deuxième année passée dans la polyvalente s'avéra des plus pénibles et des plus difficiles ; il ne supportait plus les insultes et la haine dirigés gratuitement contre lui.

Au primaire, Jonathan était dans les premiers de sa classe grâce à des moyennes de plus de 90 %. Dès son entrée au secondaire, à cause de la violence homophobe répétée au quotidien, ses notes ont chuté radicalement. Voyant que les intervenants scolaires n'arrivaient pas à lui proposer de l'aide et des solutions durables, sa mère a décidé de l'emmener consulter un premier pédopsychiatre. Ce dernier lui a conseillé de quitter l'école puisqu'il était incapable d'y évoluer. Après la ronde des écoles, Jonathan entra dans la ronde des pédopsychiatres et des psychologues. Il a entamé une multitude de thérapies. En guise de prescription, les médecins ont demandé que Jonathan soit exclu de plusieurs cours, car il n'arrivait plus à garder sa concentration. En cinquième secondaire, exténué par une surabondance d'angoisses et de conflits, le jeune homme abandonna ses études. Pendant les deux années qui ont suivi son départ de l'école secondaire, il pleurait tous les jours, il souffrait d'insomnie et ne dormait que quatre heures par nuit.

Aujourd'hui, Jonathan se sent toujours handicapé. Il garde une certaine colère intérieure envers son destin qui a basculé à cause de toute cette violence homophobe. Il était si brillant et réussissait si bien à l'école ! À cause de toutes ces années de souffrance, il ne peut que constater l'ampleur des dommages sur sa vie. Il étudie actuellement pour devenir préposé aux bénéficiaires, mais il aurait préféré devenir infirmier ou médecin. Malgré ses nombreuses thérapies, il a essayé de mettre fin à ses jours à deux reprises. Il est toujours suivi en psychiatrie.

Maxime, 16 ans

M axime fréquente la polyvalente Cavelier-De
LaSalleil dans laquelle il termine actuellement sa
quatrième secondaire. Avant de faire son *coming out* en
troisième secondaire, Maxime n'avait jamais été victime
d'homophobie. Les autres élèves le respectaient et appréciaient sa compagnie. Le jeune homme fait partie du
groupe enrichi de son école. Lors de sa sortie du placard,
l'année passée, le groupe d'élèves avancés duquel il fait
partie s'est facilement adapté à sa nouvelle réalité homosexuelle. Il a cependant rencontré plusieurs obstacles
provenant majoritairement des élèves de groupes réguliers
et de minorités ethniques. Maxime insiste beaucoup sur le
fait que les gens issus de minorités ethniques nés ici sont
beaucoup plus tolérants que les nouveaux arrivants.

Dès que Maxime a compris qu'il était homosexuel, il
a voulu partager cette réalité avec son entourage plutôt
que de vivre dans le mensonge. Il a donc décidé de se
confier à quelques-uns de ses amis, mais la nouvelle
a rapidement fait le tour de la polyvalente. La violence
homophobe a commencé à se manifester dans les
cours d'éducation physique, car comme dans plusieurs
écoles secondaires, on divise les garçons et les filles.

Les nouveaux arrivants ont commencé à se moquer de lui. Avant son *coming out*, tous les autres garçons acceptaient volontiers de le recruter dans leur équipe. Depuis sa sortie, on le fuit comme la peste. Lors des matchs de football « câlins », dans lesquels on prend les joueurs de l'équipe adverse dans ses bras plutôt que de les plaquer, les élèves laissent délibérément tomber le ballon pour ne pas recevoir de câlins de Maxime. Les garçons issus de certaines communautés culturelles entretiennent l'étrange conviction que l'homosexualité est une maladie qui s'attrape. Plusieurs d'entre eux sont persuadés que l'homosexualité n'existe pas dans leur pays d'origine. Selon ces jeunes immigrés, c'est une maladie de Blancs qu'on ne retrouve pas au Maroc, en Algérie, au Rwanda et dans d'autres pays arabes.

Maxime doit endurer des insultes quotidiennes. Les jeunes le traitent de « fif », de « tapette », de « suceur de pénis », certains Iraniens d'origine ont même poussé l'audace jusqu'à lui dire ouvertement : « Si tu vivais dans mon pays, tu te ferais tuer. » Il se fait injurier en arabe. On le questionne : « Qu'est-ce que ça goûte, un anus ? » On le bouscule impunément et on lui donne des coups d'épaule pour l'intimider quand on le croise dans les corridors. Ces agressions surviennent surtout durant les cours d'éducation physique et dans les corridors pendant les heures de récréation et de dîner, et elles se font toujours en groupe. Les croyances religieuses des nouveaux arrivants sont au cœur même de cette violence antigaie exposée sur la place publique. Les commentaires haineux sont exprimés devant les adultes de l'école, et les enseignants n'interviennent que très rarement. En éducation physique, le professeur pratique la loi des trois singes : je cache mes yeux, je bouche mes oreilles et je place mes deux mains sur ma bouche. Les injures prennent des proportions démesurées et la plus grande injustice est de constater l'incompétence de l'enseignant à maintenir la discipline dans sa classe. Maxime n'ose pas aller se plaindre auprès des professeurs et de la direction, car un de ses amis a vécu le même problème. Ce dernier a déposé une plainte, et son professeur, plutôt que de corriger la situation, a isolé ce dernier en l'excluant des cours d'éducation physique.

Dans ses classes enrichies, Maxime ne vit pas de frappes homophobes; il semblerait que les élèves plus studieux ne perdent pas de temps à harceler les autres. Maxime déplore le manque d'information et d'éducation sur la réalité homosexuelle dans son école. Par peur de représailles, il n'ose pas se plaindre à la direction et refuse que ses parents interviennent. Il ne sent pas que les professeurs et les intervenants sont aptes à le protéger et à résoudre son problème.

Maxime vit beaucoup de frustration, il n'arrive pas à concevoir qu'il y ait tant d'ignorance dans sa polyvalente et que les plus incultes soient souvent rois et maîtres. Il participe aux réunions de l'organisme Jeunesse Lambda et fait partie de son conseil d'administration. Cette association lui permet de rencontrer des jeunes gais et lesbiennes de son âge, et d'échanger avec eux sur sa réalité.

Maxime souhaiterait que le ministère de l'Éducation instaure des cours obligatoires sur la réalité gaie pour démystifier les préjugés véhiculés par les nouveaux arrivants. Selon lui, nous devons leur faire comprendre qu'ici, au Québec, les homosexuels ont les mêmes droits que les autres, qu'ils ne sont pas l'incarnation du diable et qu'ils ne sont pas atteints d'une maladie incurable.

Note de l'auteur :

Lors de la Journée internationale contre l'homophobie du 17 mai 2009, la fondation Émergence publiait les résultats d'un sondage mené au Québec par Léger Marketing sur la perception des communautés ethnoculturelles à l'égard de l'homosexualité. Le sondage nous dévoile notamment que la moitié des immigrants de la première génération, soit 50 %, croit que l'homosexualité est normale, contre 71 % chez ceux de la deuxième génération. Même si ces chiffres sont plutôt encourageants et nous démontrent que les enfants d'immigrants adhèrent davantage aux valeurs d'égalité de la société québécoise, un travail d'éducation semble nécessaire dans nos écoles pour éliminer les dernières réticences.

Le mois de février est consacré à l'histoire des Noirs. Dans plusieurs écoles du Québec, des cours entiers sont consacrés à cette communauté et retracent le parcours des Noirs au fil de l'histoire. Cette initiative est des plus bénéfiques pour l'intégration des diverses communautés noires dans notre société. Cependant, il n'existe aucune démarche similaire pour la réalité homosexuelle. Selon les dernières études, entre 10 % et 12 % de la population serait ou sera homosexuelle. Sur une population de 7,7 millions au Québec, 770 000 habitants sont ou seront donc gais ou lesbiennes. Si nous ajoutons la population bisexuelle, nous pouvons dire que nous formons une des plus grandes minorités de la société québécoise. Nous devrions donc pouvoir compter sur les mêmes efforts collectifs pour faire connaître la réalité homosexuelle que celle des autres communautés culturelles dans nos divers établissements scolaires. L'homosexualité n'a pas de frontières, elle touche toutes les races, toutes les cultures, et nous pouvons recenser 10 % d'homosexuels dans l'ensemble de la population mondiale.

Michael, 25 ans

À l'adolescence, Michael fréquentait la polyvalente de Jonquière. Durant ses études, on le connaissait plutôt comme un garçon introverti qui préférait la compagnie des filles. À la puberté, Michael comprit qu'il avait une attirance pour les garçons et admit qu'il était homosexuel. Il décida de ne partager ce secret qu'avec un autre de ses amis qui ressentait les mêmes pulsions que lui. En troisième secondaire, Michael décida de créer un profil sur La Gang d'IRC, un réseau gai de clavardage sur Internet. Il se créa ainsi une vie parallèle qui lui permettait d'échanger avec d'autres jeunes gais et lesbiennes sur sa réalité naissante. À la suite de son inscription, certaines rumeurs ont commencé à courir à l'école sur son orientation sexuelle. Le regard des autres élèves a commencé à changer à son endroit, et les garçons de son école ont entrepris de l'insulter. Le père de Michael était une figure politique connue de la région de Jonquière. Le jeune homme a donc dû subir des frappes homophobes renforcées à cause de la célébrité de son père.

Les jeunes hommes se réunissaient en bande pour injurier Michael ; ils n'osaient que très rarement l'affronter quand ils étaient seuls. Le jeune homme se faisait bousculer, et les invectives utilisées pour l'insulter étaient toujours les mêmes : « tapette », « fifi », « fif », « moumoune », le « gai », le « bizarre ». Pour lui, l'école était devenue un endroit inconfortable qu'il fallait déserter rapidement le soir venu. Il perdait le goût d'y aller, passait des heures à établir des stratégies d'évitement et s'enfonçait dans une solitude muette, une retraite imposée par son environnement hostile. Pour éviter les agressions, plusieurs lieux étaient proscrits. Il évitait principalement les toilettes des gars et les cours d'éducation physique pour esquiver les assauts excessifs. Entre la troisième et la cinquième secondaire, Michael vivait sans répit des charges d'agressions psychologiques qui détruisaient son estime. Pour éviter d'envenimer la situation, il se taisait et plongeait dans un mutisme dans l'espoir que cesse un jour cette brutalité insensée. Il n'osait pas se plaindre à la direction et à ses professeurs, car il les sentait démunis et incapables de remédier à la situation. Les adultes banalisaient sa situation, qu'ils considéraient comme étant « normale ». Il s'est senti prisonnier de son école, et le manque de solutions proposées le plongeait dans un désespoir profond qui le marginalisait davantage.

Michael est un des rares cas à avoir vécu de l'homophobie jusqu'au cégep. Selon lui, les autres élèves se sont acharnés sur son cas parce que son père était un politicien respecté de sa région. Les agresseurs agissaient-ils par jalousie ? Il s'est souvent posé la question.

Après des années de soumission au cours desquelles il refoulait sa colère en se taisant, en se laissant marcher dessus et en étant incapable de se défendre, il se retrouva avec de graves troubles d'anxiété. Il a pensé pendant des années qu'il était la cause de tous ses problèmes et le seul responsable de ses tracas parce qu'il était gai. Après avoir vécu une dépression due au stress post-traumatique, il a dû consulter des psychologues pour sortir du mutisme qui l'empêchait de socialiser avec ses pairs. Pour lui, tout environnement était devenu hostile, et le pouvoir passait par l'autorisation d'autrui. Même si les gens autour de lui voulaient son bien, il entretenait une méfiance maladive à leur égard qui l'empêchait de créer des liens significatifs. Il a dû apprendre à se réapproprier son pouvoir intérieur, se départir de certains mécanismes de défense rendus inutiles et réapprendre à faire confiance aux autres. Le processus de guérison fut long et ardu, un travail de tous les instants qu'il doit approfondir encore aujourd'hui.

Aujourd'hui, Michael vit avec son conjoint. Il a repris confiance en lui, mais il garde encore des séquelles de son passé. Une certaine fragilité et une vulnérabilité l'empêchent parfois de briller à sa juste valeur. Il a encore beaucoup de difficulté à se trouver seul avec des hommes hétérosexuels sans se sentir menacé.

Keaven, 18 ans

Keaven fréquentait la polyvalente Armand-Frappier, à Saint-Constant. Dès son entrée en première secondaire, les garçons de son école ont commencé à le harceler. Keaven préférait la compagnie des filles et ne se sentait pas à l'aise avec les garçons de son âge. Chaque jour, les jeunes élèves de son école prenaient un malin plaisir à l'humilier publiquement en le traitant de «tapette», de «fif» et de «gai». La méchanceté homophobe était telle qu'elle s'exprimait même en classe devant les professeurs. Les assauts se faisaient toujours en groupe. Plus les années passaient, plus les agressions antigaies se multipliaient. Pour faire taire les insultes, Keaven allait jusqu'à prétendre qu'il avait une copine. Pourtant, au primaire, le jeune élève n'avait jamais rencontré ce genre de menaces et de préjugés.

En troisième secondaire, Keaven commença à fréquenter les clubs gais de Montréal et il sortit à quelques reprises habillé en *drag queen*. Il créa même un profil sur Facebook où il s'affichait en *drag*. Un soir, il fit la rencontre d'une de ses collègues de classe dans un bar gai de la métropole. Malgré sa demande de garder le silence sur son secret, tous les élèves de son école furent mis au courant de ses sorties excentriques. Les rumeurs envahirent rapidement les corridors de son école ; certaines personnes propageaient des calomnies à son sujet, on disait qu'il était transsexuel, qu'il faisait des films pornographiques et qu'il s'affichait nu sur son profil Facebook. Les élèves ont même imprimé des photos de lui en *drag queen* et les faisaient circuler dans les corridors de la polyvalente. Quand il a réalisé que tous les élèves de son école savaient qu'il s'habillait en femme et qu'il était gai, il abandonna l'école de peur d'être davantage brutalisé et méprisé. Keaven avait honte d'être gai et refusait de faire face aux préjugés de ses pairs. Pendant plus d'un mois après sa décision d'abandonner l'école, il vécut un profond désespoir. Le jeune élève était plutôt doué et il aurait préféré terminer ses études secondaires, mais il ne pouvait supporter qu'on le considère comme un *freak* ou un malade mental.

Les parents de Keaven ont accepté son choix, mais ont tenu à ce qu'il se trouve un emploi. La direction de l'école, quant à elle, ne s'est pas interposée dans sa décision. Aucun intervenant n'a essayé de retenir le jeune homme ou n'a tenté de comprendre pourquoi un élève brillant comme Keaven décidait subitement d'arrêter ses études.

En aucun temps, Keaven n'a senti que les professeurs et les intervenants pouvaient assurer sa sécurité à l'école, et c'est une des raisons qui l'ont poussé à abandonner l'école secondaire.

Aujourd'hui, Keaven demeure toujours chez ses parents et il hésite encore à se promener librement dans sa petite ville par peur d'être agressé. Sa confiance et son estime ont été abîmées, et il garde des séquelles de son passage difficile à la polyvalente de Saint-Constant. Il ne se sent pas à l'aise en présence d'hommes hétérosexuels, car quand ils se traitent de « fif » ou de « tapette » entre eux, Keaven se sent encore dévalorisé. Les gars hétérosexuels s'agacent souvent en disant : « Arrête de faire ta tapette ! Osti que c'est fif ! Fais pas ta moumoune ! » Ce genre de commentaires le rend inconfortable, car ils véhiculent un mépris feutré envers les homosexuels.

David, 22 ans

D avid est natif de Ville LaSalle. Jeune, il était plutôt petit, mince, un peu plus efféminé que les autres garçons, et il détestait les cours d'éducation physique. Rapidement, il devint la tête de Turc de son école. Les attaques homophobes à son endroit ont commencé à se manifester en quatrième année. Les élèves, en majorité des garçons, ont commencé à l'injurier en le traitant de « tapette » et à lui donner des coups d'épaule quand ils le croisaient dans les corridors. La nature des insultes tournait toujours autour du même thème, l'homosexualité : « tapette », « fif », « fifi », « moumoune ». Les assauts se sont rapidement multipliés ; il portait l'étiquette maudite.

Au secondaire, à la polyvalente Honoré-Mercier, David a développé plusieurs amitiés avec des filles. Il était extravagant et aimait les vêtements qui se démarquaient des autres. L'agressivité et les railleries à son endroit s'accroissaient. David ne se souvient pas avoir vu des professeurs intervenir pour réprimer la violence homophobe envers lui. Il devait composer avec cette brutalité au quotidien. La pire insulte pour lui était « chouchoune », une offense inventée par un de ses agresseurs et qui s'est propagée comme un virus dans sa polyvalente.

En troisième secondaire, à quinze ans, David, qui avait toujours suivi des cours enrichis, s'est retrouvé dans un groupe d'enseignement régulier et a perdu ainsi tous ses amis. Ne pouvant plus compter sur le soutien de ses collègues de classe, il se sentait démuni. Les frappes homophobes l'atteignaient plus que jamais. Lui qui avait toujours été extravagant et volubile a soudainement arrêté de parler. Il s'est replié et s'est isolé. Taciturne, il restait en retrait et vivait sa peine seul. Il estime que ce fut une des années les plus difficiles de toute sa vie. Un an plus tard, il retourna avec ses amis dans un groupe enrichi et il retrouva sa joie de vivre.

Un souvenir a pourtant marqué le passage de David au secondaire, un moment mémorable qui fut le symbole par excellence de cette série d'humiliations et qui a déclenché l'arrêt des frappes. En quatrième secondaire, David écrivit sur un bout de papier un mot sur lequel on pouvait lire qu'il avait un béguin pour un des élèves de sa classe. Il donna le mot à une de ses amies et se dirigea aux toilettes pour quelques instants. À son retour, la classe était sens dessus dessous. Le professeur remplaçant avait complètement perdu le contrôle. Un des jeunes s'était emparé de la note et l'avait lue à tout le monde. La classe au complet savait, désormais, que David avait une attirance pour les garçons et pour un élève en particulier. L'ensemble des élèves s'est moqué de lui devant le remplaçant, et ce dernier n'a pas réussi à contenir les offenses collectives. Étrangement, les moqueries se sont tues après cet épisode, comme si les agresseurs avaient été perturbés par la vérité révélée.

Aujourd'hui, grâce à sa force de caractère, David arrive à bien fonctionner. Il garde quand même des séquelles de son passage à l'école secondaire. Il utilise ses blessures comme des outils de résilience. Il a eu la chance d'être moniteur dans des camps de vacances et dans des camps de jour, et il a pu faire la paix avec son passé. Il est sorti depuis quatre ans du secondaire et il vit ouvertement son homosexualité. Ses amis et sa famille sont au courant de sa préférence pour les garçons, et ils n'en font aucun cas. Il termine un diplôme d'études collégiales en arts et lettres, profil langues, au cégep du Vieux-Montréal.

Joël, 19 ans

Joël a fréquenté l'école secondaire Sophie-Barat, dans le quartier Ahuntsic, à Montréal. Malgré son apparence plutôt masculine et ses aptitudes sportives, il a été victime de violence homophobe. Dès l'âge de treize ans, il a accepté son penchant pour les garçons et a décidé de vivre ouvertement son homosexualité, mais sa sincérité lui a occasionné bien des problèmes, surtout à l'école. On le traitait de « fif » simplement parce que ses pantalons étaient serrés, on le bousculait en lui donnant des coups d'épaule dans la poitrine. On le scrutait à la loupe et dès qu'on pouvait déceler un fait ou un geste qui, par préjugé, pouvait être associé aux gais, on le ridiculisait publiquement pour l'humilier. À cause de son aspect athlétique, on n'osait pas trop s'attaquer physiquement à Joël, mais celui-ci dit avoir été témoin de violence physique à l'endroit d'autres garçons qu'on traitait de « tapettes » à son école. Il a même vu une altercation au cours de laquelle des élèves ont délibérément lancé des roches sur un jeune garçon prétendument homosexuel.

Les commentaires homophobes faisaient partie du quotidien de Joël : on l'injuriait dans les corridors, à la cafétéria et même durant les cours, et ce, sans aucune retenue. Les nouveaux arrivants étaient les plus intolérants du groupe, et les punitions infligées par les professeurs étaient rares et insuffisantes. Les responsables scolaires intervenaient plus souvent pour réprimer les comportements racistes que l'homophobie. Joël avait l'impression que la violence homophobe était banalisée.

Il se considère chanceux malgré tout, car il y avait d'autres jeunes garçons qui se faisaient assaillir plus brutalement que lui à l'école. Même s'il regrette d'avoir perdu certains amis parce qu'il se faisait traiter de « tapette », il se console en se disant qu'il pouvait néanmoins compter sur des amitiés sincères qui ont su l'accompagner dans ses difficultés. Il a constaté que les élèves ont peur de prendre la défense d'un jeune qu'on présume être gai parce qu'ils craignent de se faire taxer de « fif » et de devenir une nouvelle tête de Turc. Selon lui, certains professeurs partageraient les mêmes craintes que les élèves et auraient peur qu'on pense qu'ils sont homosexuels s'ils protégeaient les jeunes qu'on écrase publiquement.

Le jeune homme de dix-neuf ans éprouve encore beaucoup de colère et de rancœur envers ce passage obligé au secondaire. Il aurait souhaité avoir une adolescence plus paisible et garder de bons souvenirs du secondaire. Selon lui, si les professeurs et la direction avaient établi des stratégies pour enrayer la discrimination basée sur l'orientation sexuelle, il aurait profité d'un milieu scolaire plus sain et plus paisible. Il a l'impression de souffrir d'un certain handicap, comme si ses agresseurs avaient réussi à le convaincre que lorsqu'on est gai, on part perdant dans la vie.

Joël ne suggère pas aux adolescents gais et aux adolescentes lesbiennes d'aller à l'école secondaire Sophie-Barat.

Pendant ses cinq années au secondaire, le thème de l'homosexualité n'a été abordé qu'une seule fois, à sa connaissance. On informe et on dénonce régulièrement le racisme, mais il n'y a presque pas de démystification de la réalité gaie. Selon lui, le niveau d'homophobie dans cet établissement est effarant et les intervenants n'arrivent pas à trouver de solutions durables pour enrayer le problème.

David, 24 ans

Après une année sans problème à l'école secondaire de La Plaine, David a fait son entrée à la polyvalente d'Anjou en deuxième secondaire. Il arrivait dans une nouvelle école où il n'avait pas d'amis; il se sentait seul et démuni. Au début de son adolescence, le jeune homme était très mince, il portait la coupe de cheveux « champignon » et il était plus efféminé que les autres garçons de son école. Il comprenait qu'il était gai et qu'il avait l'air gai, mais il le niait. Plutôt turbulents, les élèves de cette nouvelle école le bousculaient et le poussaient sauvagement. Tous les jours, il se faisait insulter : on le traitait de « tapette », de « fif ». Aux yeux des élèves de son école, l'injure suprême pour un garçon était de se faire taxer de « tapette » et, pour une fille, de « grosse ».

David se faisait agresser dans les corridors, à la cafétéria et dans la cour d'école. Il s'isolait et se tenait à l'écart des autres par peur d'être humilié et ridiculisé. Il avait peu d'amis, et ses compagnons n'osaient pas se porter à sa défense, craignant des représailles. En plus de l'injurier, les autres élèves s'amusaient à lui voler ses objets personnels.

À cette polyvalente, les professeurs n'arrivaient pas à contenir leurs élèves et ne trouvaient pas de solutions pour contrer les comportements homophobes dont David était la cible. Selon David, un seul professeur réagissait et imposait le silence ; les autres négociaient tant bien que mal avec l'anarchie la plus complète et toléraient les propos teintés d'homophobie dans leurs classes.

David a vite appris à se cacher. Il passait ses récréations et ses heures de dîner seul, sur les différents étages de la polyvalente, ou encore il se réfugiait à la bibliothèque pour éviter d'être ennuyé. L'été, il s'évadait dans un parc près de l'école. Même si David savait qu'il était probablement gai, il cachait son orientation pour prévenir des attaques supplémentaires. Il était paralysé par la peur et n'osait pas se plaindre auprès des professeurs ni de la direction. Comme la plupart des adultes banalisaient l'homophobie quand ils en étaient témoins, David ne croyait pas qu'il y avait un quelconque avantage à se plaindre.

Les actes de violence répétés ont miné sa confiance en lui, son estime et même sa santé. Le stress était tel qu'il avait de la difficulté à manger : une boule d'émotion dans l'estomac lui coupait l'appétit.

En quatrième secondaire, les frappes homophobes ont commencé à s'estomper, et David a pu terminer ses études dans une certaine sérénité. Après avoir vécu un calvaire à l'école, il a de la difficulté à imaginer qu'un jour nous puissions voir au Québec une école secondaire sans homophobie. Selon lui, c'est une problématique qui perdure depuis trop longtemps et on a trop tardé à trouver des solutions pour l'enrayer.

Aujourd'hui, à vingt-quatre ans, David n'accepterait plus de se faire traiter de « tapette » ou de « fif » : il réagirait et se défendrait. Avec le temps, il est arrivé à créer des liens significatifs avec ses pairs et il dénoue tranquillement les conflits du passé. Il termine actuellement ses études et souhaite devenir comptable agréé et vivre heureux avec un homme.

Jolyane, 18 ans

Jolyane a commencé à se faire traiter de « gouine »,
de « butch » et de « lesbienne » en sixième année du
primaire à l'école Marie-Victorin, à Brossard. Comme
elle avait doublé sa troisième année, elle était âgée
d'un an de plus que les élèves de son groupe. Elle com-
mençait à regarder les filles différemment et ressentait
une attirance pour celles-ci. Elle a vite compris qu'elle
était homosexuelle, puisqu'elle n'avait aucune pulsion
sexuelle envers les garçons et que son regard se fixait
toujours sur les élèves féminines. Elle avait un peu
les allures d'un « garçon manqué », et rapidement, les
autres élèves ont commencé à établir des stratégies pour
l'humilier publiquement puisqu'ils présumaient qu'elle
était gaie. Ils écrivaient des mots qu'ils lui offraient en
« cadeau » et sur lesquels on lisait : « T'es un monstre »,
« T'es pas normale ». La majorité des élèves, surtout des
filles, participaient à ces actes homophobes. Jolyane
faisait partie d'une équipe de basketball, et dans les vestiaires, les autres filles la poussaient dans les toilettes des
garçons pour qu'elle se change seule. Elles retenaient
la porte pour l'empêcher de sortir, car elles ne voulaient pas qu'elle se déshabille devant elles. Lors de ces

attaques, Jolyane se sentait démunie, brisée et humiliée. Ces épisodes la plongeaient dans un profond désespoir.

À son entrée à l'école secondaire participative l'Agora, de Greenfield Park, elle croyait qu'elle n'aurait plus à faire face à ce type d'agressions. Jolyane avait une bonne amie à qui elle avait avoué qu'elle avait un penchant pour les filles. Cette dernière a pris l'initiative d'informer quelques élèves de première secondaire. En peu de temps, la nouvelle s'est répandue partout dans l'école. Deux semaines après la rentrée scolaire, tout le monde était au courant qu'elle était lesbienne. On a commencé graduellement à l'ignorer. Les filles de sa classe lui disaient qu'elles la considéraient comme un monstre qu'il fallait ignorer et qu'on devait rabaisser à tout prix. Elle se faisait bousculer par les garçons quand elle se rendait à son casier, on l'injuriait durant les récréations et les élèves faisaient tout pour rendre sa vie misérable. Certaines agressions avaient lieu devant les professeurs, et malgré la gravité des gestes posés, les intervenants les banalisaient.

Elle décida d'aller consulter le psychologue de l'école après une agression farouche qui lui avait laissé des bleus sur l'épaule. Des garçons avaient décidé de frapper la porte de son casier sur elle pour la blesser. À la suite de cet épisode, le psychologue décida de la garder pour l'après-midi et de l'exempter de ses cours, car la jeune fille était inconsolable.

À force de subir un harcèlement quotidien, Jolyane développa des troubles importants de comportement. Elle avait des pensées suicidaires et s'automutilait avec des ciseaux, des compas et des objets pointus. Elle n'osait pas dire à ses parents qu'elle était lesbienne et qu'elle se faisait harceler à l'école, car elle craignait une mauvaise réaction de leur part. Elle vivait donc son drame en silence. Le problème dégénérait, à un point tel que la jeune élève perdit sa concentration et faillit doubler sa première année du secondaire. Selon elle, les interventions pour mettre un terme à cette violence abusive étaient plutôt rares et ne donnaient aucun résultat tangible.

Bien que Jolyane consultait le psychologue en milieu scolaire jusqu'à dix fois par semaine, jamais le directeur de l'école n'a demandé à la rencontrer pour comprendre la nature de son problème et lui offrir son aide.

Elle a subi ces attaques homophobes persistantes jusqu'à la fin de sa troisième secondaire. À la fin de cette troisième année, elle a décidé de faire son *coming out* auprès de ses parents et a préparé un exposé, dans son cours de français, sur l'homophobie à son école. Dans son allocution, elle partageait ses mauvaises expériences avec les élèves de sa classe. Par la suite, les choses ont beaucoup changé. Grâce à son exposé, dans lequel Jolyane avouait qu'elle avait eu des pensées suicidaires et qu'elle s'était mutilée à cause de la violence homophobe dirigée contre elle, les autres élèves ont réalisé l'impact de leur comportement et ont graduellement arrêté de l'assaillir. Ses parents ont accepté sans problème son orientation sexuelle, et pour la première fois, elle sentait qu'elle avait la permission d'être celle qu'elle était vraiment. Ses deux dernières années au secondaire ont été plus paisibles.

Jolyane a continué de repousser les tabous à son école. En cinquième secondaire, elle a fait une demande auprès de ses professeurs pour que la direction invite le Groupe de recherche et d'intervention sociale (le GRIS) à donner un atelier sur la réalité homosexuelle et à répondre aux questions des élèves. Cette initiative a été des plus bénéfiques pour l'ensemble des élèves de l'école.

Après le passage du GRIS, Jolyane a constaté un changement significatif dans les corridors de l'école et un effort sincère de la part des élèves pour diminuer leur intolérance envers les gais et les lesbiennes.

Jolyane est sortie de l'école secondaire en juin 2009, et elle déplore le manque d'intérêt des professeurs et des directeurs à aborder le thème de l'homosexualité à l'école. Pourtant, elle a observé que quand on ouvre le dialogue et qu'on brise le silence, les actes homophobes tendent à disparaître. Selon elle, on ne parle pas suffisamment de la réalité homosexuelle dans les écoles primaires et secondaires, et l'ignorance pousse les jeunes à la cruauté. Elle souligne le manque de ressources pour lutter contre l'homophobie dans les établissements scolaires et elle souhaite voir, un jour, des jeunes adolescentes lesbiennes vivre librement leur orientation sexuelle sans se faire humilier.

Antoine, 23 ans

Antoine fréquentait l'école secondaire Paul-Arseneau, à l'Assomption, en concentration artistique. Dès son entrée dans cet établissement, il aurait souhaité s'inscrire dans le volet danse, mais il craignait les railleries des autres garçons. Il a donc choisi la concentration artistique puisqu'elle lui permettait de suivre quelques cours de danse parmi les nombreuses périodes consacrées à l'art dramatique. Plusieurs garçons choisissaient le théâtre, alors que la danse était plutôt réservée aux filles. Ainsi, pour ne pas se faire taquiner par les autres garçons, Antoine décida d'étouffer son amour pour la danse au début du secondaire.

Le jeune garçon a traversé le secondaire en courbant l'échine. Il n'avait que des amies et passait le plus clair de son temps avec ses trois sœurs, qui le couvaient et le protégeaient. C'était un garçon plutôt coloré, expressif, et les gars de son âge le prenaient en grippe simplement à cause de son caractère distinct. On le bousculait en le traitant d'« osti de fif », d'« osti de tapette »; pourtant, Antoine n'était pas un garçon particulièrement maniéré ou efféminé. À part son amour pour la danse, rien ne laissait présager qu'il était ou serait homosexuel.

Les jeunes élèves posaient quotidiennement des gestes homophobes. On le plaquait brutalement sur les casiers, on le poussait rudement pour le faire trébucher et on lui a même déjà lancé violemment une pile 9 V au visage pour le blesser. Cette brutalité minait toute la concentration et l'estime d'Antoine, qui a fini par manifester de graves problèmes d'apprentissage. Il échouait la majorité de ses cours et, même s'il avait une multitude de talents, les autres garçons le dévalorisaient. À force de se faire humilier par ses pairs, Antoine a cru qu'il était laid et sans talent; il admettait être «le vilain petit canard» de l'école. Il a traîné cette perception de lui-même jusqu'à ce qu'il assume son homosexualité, à l'été 2009.

Antoine n'arrivait pas à trouver sa place à l'école. À force de se faire harceler et injurier, il s'était juré de ne jamais être homosexuel. Il se demandait, à cette époque, si c'était possible d'être différent, plus coloré, sans être nécessairement gai. À plusieurs reprises, il a supplié ses bourreaux de lui ficher la paix, mais sans grand succès. Même ses crises de larmes n'y changeaient rien. Contrairement à ce que bien d'autres jeunes ont vécu, les assauts qu'Antoine a subis ne se sont jamais déroulés en présence d'adultes. Cependant, il n'osait pas se plaindre auprès de la direction ou des professeurs, car il avait peur des représailles; les délateurs sont souvent victimes de leur propre plainte. Il ne sentait pas que les intervenants scolaires étaient outillés pour assurer sa protection. Antoine n'a jamais compris pourquoi des garçons de son école, avec qui il n'avait aucun contact, l'attaquaient gratuitement sans qu'il les ait provoqués et sans qu'il leur ait même parlé. Il ne comprend toujours pas.

Ce n'est qu'en cinquième secondaire qu'Antoine a décidé d'assumer son amour pour la danse en s'inscrivant une fois pour toutes dans cette concentration. Ce fut l'année où il s'est le plus émancipé à l'école. Il retrouvait de l'intérêt pour les études et regrettait toutes les années perdues à étouffer son désir de danser à cause de l'opinion des autres. Cette année-là, il est tombé amoureux d'une fille avec laquelle il a passé trois ans et demi de sa vie. A-t-il bloqué inconsciemment son désir pour les autres garçons de peur d'être ridiculisé davantage ? Antoine se pose encore la question. Lui qui a une sœur lesbienne, il ne comprend toujours pas pourquoi il a mis tant de temps à admettre qu'il était homosexuel. Cependant, il est convaincu que l'environnement homophobe de l'école a sûrement contribué à sa sortie tardive.

Les impacts de l'intimidation ont été nombreux sur sa vie, et il a dû se battre contre des problèmes majeurs d'estime de soi. À l'époque, les nombreux coups et les bousculades dans les corridors de l'école secondaire n'avaient laissé que quelques contusions sur son corps, mais les blessures de son âme, elles, ont été plus longues à guérir. Antoine est pleinement heureux maintenant qu'il assume son homosexualité. Depuis son *coming out*, il se sent bien, libéré et heureux. Il regrette toutes les années meurtries de l'école secondaire pendant lesquelles il a refoulé l'essence de sa personnalité. Il aimerait tant retourner en arrière et refaire son secondaire avec la confiance qui l'habite maintenant !

Aujourd'hui, il œuvre en production télévisuelle et il a décidé d'oublier les moments horribles de son adolescence pour vivre pleinement sa vie.

Marcel, 30 ans, enseignant

Marcel est homosexuel et enseigne au secondaire depuis trois ans. Il vient tout juste d'obtenir un poste permanent. Depuis sa sortie de l'université, il a eu l'occasion de travailler dans trois établissements scolaires différents. Il a passé son adolescence au Nouveau-Brunswick et il a subi des agressions violentes à caractère homophobe au secondaire. Selon lui, la réalité homosexuelle est occultée et une certaine réticence à aborder le sujet persiste dans les écoles. Les intervenants, les professeurs et les directeurs d'école restent toujours discrets sur la question de l'orientation sexuelle, et le ministère de l'Éducation n'offre aucune formation et aucun outil pédagogique pour informer les élèves sur la réalité gaie et sur la lutte contre l'homophobie en milieu scolaire. La seule mesure qu'il a pu observer dans les trois écoles où il a travaillé est la suivante : à l'occasion de la Journée internationale contre l'homophobie, les professeurs reçoivent tous dans leur pigeonnier un autocollant sur lequel est inscrit « Stop à l'homophobie ». Une majorité d'entre eux le jettent à la poubelle et n'abordent même pas le sujet avec leurs élèves au cours de la journée. Selon lui, les enseignantes discutent plus librement de l'homosexualité à l'école, mais les professeurs de sexe masculin semblent hésitants à aborder le sujet.

Même en tant que professeur, Marcel se fait injurier. Certains élèves le traitent d'« osti de tapette » en classe. Chaque fois qu'un élève l'offense, il le sort de la classe ou le garde en retenue, et ces conséquences suffisent généralement à inhiber les comportements homophobes par la suite. Marcel a constaté que l'homophobie était plus grande chez les nouveaux arrivants qui ne comprennent pas que les gais et les lesbiennes vivent librement leur orientation sexuelle au Québec. Et encore bien des jeunes garçons d'origine canadienne font preuve de violence envers les gais dans nos établissements scolaires à cause du manque de prévention à l'école.

Avant d'obtenir sa permanence, Marcel a demandé à la direction d'inviter le GRIS à venir donner des ateliers pour démystifier l'homosexualité. La direction de l'école lui a poliment dit que tant qu'il n'avait pas de poste permanent, il devait éviter de faire ce genre de demande qui pourrait nuire à l'évolution de sa carrière. « L'homosexualité reste un tabou dans nos classes. Les enseignants interviennent seulement quand ils sont obligés d'agir. On préfère banaliser le problème et l'éviter », affirme-t-il.

Encore plusieurs homosexuels gardent le silence sur leur orientation sexuelle à l'école, surtout les lesbiennes, selon Marcel. Il a constaté que les élèves se moquaient davantage des professeurs qu'ils présumaient homosexuels que de ceux qui s'affichaient ouvertement. Il semblerait que dès que les élèves doivent faire face à la réalité gaie de leur professeur, les blagues et les injures tendent à disparaître. Ils sont plutôt curieux et posent des questions ; en y répondant, l'enseignant démystifie l'homosexualité, et ensuite, les élèves respectent davantage leur professeur.

À plusieurs reprises, Marcel s'est heurté à de l'homophobie de la part des parents des élèves. Quand certains élèves de sa classe éprouvent des difficultés, plusieurs parents jettent le blâme sur son orientation sexuelle. Il s'est déjà fait dire par une mère : « Vous n'êtes qu'un homosexuel qui déteste mon enfant ! Je vais demander qu'on change mon fils de classe pour qu'il ne soit plus en contact avec un prof gai ! »

Marcel considère que les élèves sont homophobes seulement parce qu'on ne répond pas à leurs questions sur l'homosexualité. Les jeunes sont curieux, ils ont des interrogations. Ils sont inquiets ou ils ont peur ; quand on leur parle de la réalité gaie et qu'on les rassure, leur comportement change et ils deviennent plus tolérants.

Troisième partie

Un peu d'éducation pour briser le cycle de l'ignorance

La problématique de
l'homophobie en milieu scolaire

Le rapport de consultation du Groupe de travail mixte
contre l'homophobie, déposé par la Commission des
droits de la personne et des droits de la jeunesse en 2007,
révèle que le peu d'attention portée à l'homophobie dans
les écoles est lié en partie à l'ignorance, au manque de
connaissance de la problématique et de ses effets néga-
tifs sur les jeunes. Même si certaines actions ont été
entreprises dans nos établissements scolaires pour favoriser un climat plus respectueux des différences, les vraies
solutions se font attendre.

Une étude réalisée en mai 2002 par la Commission
scolaire de Montréal auprès de 158 enseignants et intervenants en milieu scolaire a révélé que 85 % d'entre eux
observaient la présence d'homophobie à l'école, 79 %
considéraient pertinentes les actions préventives contre
l'homophobie, 76 % se disaient mal ou peu informés sur
les réalités homosexuelles et 74 % demandaient de l'information et un accès à de la formation sur le sujet.

En 2005, le Groupe de recherche et d'intervention
sociale (GRIS) de Québec a conduit une étude qui
prouve clairement que l'homosexualité demeure une

source importante de malaises et d'embarras pour une majorité de jeunes qui fréquentent les écoles. Cette étude nous révèle également que 76 % des enseignants et intervenants ont avoué avoir entendu des propos homophobes à l'école.

Toujours selon le rapport de consultation du Groupe de travail mixte contre l'homophobie, une enquête réalisée en 2005 démontre que les principaux obstacles qui nuisent à la lutte contre l'homophobie et à l'intégration du concept de l'homosexualité dans les programmes scolaires sont, entre autres, le manque d'ouverture des parents, le conservatisme du personnel, le malaise des élèves, l'absence de matériel pédagogique et le manque de connaissances et de soutien du personnel enseignant.

La violence homophobe, psychologique et physique, a des conséquences graves sur les jeunes et touche même ceux qui en sont témoins et qui découvrent dans la honte et l'isolement leur orientation sexuelle. L'indifférence et le manque de soutien du personnel enseignant et des intervenants aggravent la complexité du problème. La répétition des menaces, des actes de violence, des attouchements, des agressions physiques et des insultes mine la confiance des élèves ostracisés, et certains prennent l'école en aversion. Plusieurs décrocheront, d'autres se suicideront et plusieurs d'entre eux souffriront de maladie mentale. Selon Michel Dorais et Simon Louis Lajeunesse, auteurs du livre *Mort ou fif : la face cachée du suicide*, le taux de suicide chez les jeunes gais et bisexuels est de six à seize fois plus élevé que chez les autres jeunes, et cela, sans compter qu'un adulte homosexuel sur deux aura des idées suicidaires découlant des effets rebonds de la violence homophobe subie à l'école.

Les études et les rapports sont clairs : la problématique de l'homophobie à l'école est un phénomène récurrent qu'on tarde à régler. Nous avons suffisamment noirci de papier pour faire comprendre à l'ensemble des décideurs qu'il faut établir une stratégie pour irradier une fois pour toutes la violence homophobe dans nos cours d'école. En 2009, au Québec, le gouvernement libéral a mis en place une politique contre l'homophobie, une première au Canada ! Cet avancement est majeur, mais pour que cette politique soit appliquée, nous avons besoin d'un plan d'action efficace. Nous devons commencer par protéger nos jeunes et nous assurer d'une relève en santé mentale et physique dans notre communauté gaie. Et pour éradiquer l'ignorance ? L'éducation. Intervenons à la source même du problème. L'école est l'endroit où l'enfant apprend les règles élémentaires de respect des autres en société. Le gouvernement doit mettre en place une série de mesures et former ses enseignants et ses intervenants scolaires en leur proposant des stratégies claires pour s'interposer dans les manifestations de violence homophobes et maintenir cette discipline au quotidien. On doit aussi informer les enseignants, les intervenants et les élèves sur la réalité homosexuelle en 2010, leur faire comprendre que nous sommes tous égaux et que la discrimination envers ce groupe est interdite par les lois existantes. Dans un avenir rapproché, tous les comportements homophobes devraient être bannis des écoles sous peine de sanctions sévères, voire d'expulsion.

Pour ceux qui pensent encore que l'homosexualité est contre nature

L'ignorance et le manque d'éducation alimentent l'homophobie. Certains penseurs véhiculent encore cette idée archaïque que l'homosexualité est contre nature. Pourtant, plusieurs études tendent à prouver le contraire. Les plus connues sont celles de Bruce Bagemihl, biologiste, sexologue et linguiste américain, qui a publié en 1999 son livre intitulé *Biological Exuberance : Animal Homosexuality and Natural Diversity*. Après avoir étudié pendant neuf ans les divers comportements homosexuels chez différentes espèces animales, Bagemihl affirmait que ceux-ci pouvaient être observés chez près de 450 espèces de vertébrés. On trouve dans la nature cinq catégories de comportements homosexuels distincts qui se divisent ainsi : les parades amoureuses, l'affection, les relations sexuelles, la vie en couple et le comportement parental (homoparentalité). Les dauphins mâles, les lions, les girafes, les putois, les singes bonobos, les manchots et les orques ne sont que quelques-uns des animaux répertoriés qui échangent des relations homosexuelles. Selon Bagemihl, la nature privilégierait la diversité des comportements sexuels, et la sexualité exclusive serait plutôt rare.

Les organisateurs de l'exposition *Against Nature?* *An Exhibition on Animal Homosexuality* à l'Université d'Oslo, en 2006, avaient clairement prouvé que les comportements homosexuels pouvaient être recensés dans le règne animal. En plus d'appuyer les études de Bagemihl, ils affirmaient qu'il n'y avait pas que chez les vertébrés qu'on trouvait des comportements homosexuels, mais aussi parmi les insectes, les araignées, les crustacés, les octopodes et les vers parasites. Selon eux, le phénomène pouvait être observé chez 1 500 espèces animales différentes.

Si des comportements homosexuels ont pu être étudiés dans le règne animal, comment se fait-il qu'en 2010, certains ignorants entretiennent encore l'idée qu'ils sont contre nature? En abordant, dès le jeune âge, le sujet de la diversité sexuelle dans la nature à l'école, on permettrait aux enfants de réaliser que les comportements homosexuels font partie du cycle normal de la vie. Si les girafes, les lions et les dauphins peuvent vivre librement leur homosexualité dans leur environnement naturel sans crainte d'être agressés, alors pourquoi les êtres humains n'ont-ils pas droit à la même liberté? Après tout, ne sommes-nous pas censés être les plus évolués parmi les animaux?

Conclusion

C'est par l'éducation et la connaissance que nous arriverons à briser le cycle de l'ignorance qui favorise l'homophobie. En 2010, les gais et les lesbiennes ne cherchent plus à être acceptés ou tolérés; ils ont le droit à une reconnaissance équitable. Ils veulent être considérés comme étant égaux aux autres, un point c'est tout. Combien de fois m'a-t-on dit: « Jasmin, je t'accepte même si tu es homosexuel, j'ai rien contre ça! » Même si je sais que les gens ont de bonnes intentions, ce genre de commentaire m'irrite au plus haut point. Généralement, pour faire comprendre à mes interlocuteurs l'absurdité de ce qu'ils viennent de dire, je réponds: « Moi aussi, je t'accepte, tu sais. C'est pas de ta faute si tu es hétéro. » Je ne veux pas être « accepté », je veux simplement être traité de la même façon que les autres, sans avoir à justifier quoi que ce soit. Nous sommes tous égaux devant la loi; je n'ai plus à quémander de permission à personne. Les gais et les lesbiennes, comme les femmes, ont amorcé des changements importants dans nos sociétés modernes et ont rapidement fait reculer les préjugés ces dernières décennies. Je peux comprendre qu'il y ait encore des réticences, mais je ne peux pas accepter la violence.

Au Québec, nous avons la chance de vivre dans une société ouverte qui privilégie la diversité et le respect d'autrui. Nous devons donc nous mobiliser pour interdire toute violence sexiste, raciste et homophobe dans l'ensemble de notre société. Nos écoles sont aux prises avec de graves problèmes de brutalité homophobe. Plusieurs de nos enfants seront sacrifiés dans les prochaines années si nous n'arrivons pas à contenir ce fléau. Les témoignages livrés dans ce livre nous démontrent clairement que les gais et les lesbiennes ont peut-être les mêmes droits que les hétérosexuels, mais que dans les faits, les préjugés perdurent. Nous devons nous attaquer au problème à la racine et éduquer les enfants sur la réalité homosexuelle en commençant dès les premières années du primaire. En écrivant ce livre, j'ai pu constater qu'aucun des participants n'avait subi d'attaques homophobes à l'école avant la quatrième année. Ces premières années sont décisives, et tout semble indiquer que les premières manifestations de violence homophobe débutent au deuxième cycle du primaire. Il faut donc intervenir un peu avant l'éclosion de ce genre de conduite.

En accordant des droits égaux à la communauté homosexuelle, le gouvernement s'est engagé à établir des plans d'action pour la protéger et pour éradiquer la discrimination. Le ministère de l'Éducation doit maintenant établir une stratégie claire pour contrer l'homophobie en milieu scolaire. L'État doit former les enseignants et les intervenants, leur offrir des outils pédagogiques et instruire les enfants sur la réalité homosexuelle. Une politique de tolérance zéro doit être instaurée pour contrecarrer l'homophobie dans nos écoles. J'ai sonné la cloche, maintenant la récréation est terminée.

Références

Gai Écoute

Gai Écoute, le centre d'aide, d'écoute téléphonique et de renseignements des gais et des lesbiennes du Québec, est un organisme qui offre ses services à celles et à ceux qui s'intéressent aux questions relatives à l'orientation sexuelle. Confidentiel, anonyme et gratuit, ce service d'écoute cumule près de trente ans d'activité. Au service initial d'écoute se sont ajoutés plusieurs autres services au cours des années. Les services offerts par Gai Écoute sont l'écoute téléphonique, les renseignements, l'aide par courrier électronique, le clavardage/groupe de discussion, l'aide à la navigation sur Internet et une foire aux questions sur les réalités homosexuelles.

Montréal : 514 866-0103
Ailleurs au Québec : 1 888-505-1010

GRIS-Montréal

Le GRIS-Montréal est aujourd'hui le plus important organisme de démystification de l'homosexualité en milieu scolaire au Québec. L'augmentation, année après année, de son nombre d'interventions, tout comme son besoin toujours plus grand de nouveaux intervenants, témoigne du succès auprès des jeunes de la formule employée ainsi que de l'importance du travail accompli par le groupe.

Site Web: www.gris.ca ou www.lesgrisduquebec.org
Téléphone: 514 590-0016

GRIS-Québec

Le GRIS-Québec est un organisme communautaire d'éducation et de sensibilisation qui œuvre dans la région de Québec depuis 1996. Il a pour mission de promouvoir une vision positive de l'homosexualité et de la bisexualité en vue de favoriser une intégration harmonieuse des personnes gaies, lesbiennes et bisexuelles dans la société. Ce travail se fait grâce à des bénévoles et à des employés qui mettent leur énergie en commun pour faire des opérations de démystification dans les écoles et dans les milieux jeunesse de la région de Québec.

Site Web: www.grisquebec.org
Téléphone: 418 523-5572

Jeunesse Lambda

Jeunesse Lambda est un groupe francophone de discussion et d'activités par et pour les jeunes gais, lesbiennes, bisexuels ou en questionnement âgés de vingt-cinq ans et moins. C'est un organisme sans but lucratif qui a été créé par des jeunes voyant dans l'entraide par les pairs et la socialisation la réponse aux questions de *coming out* et d'acceptation. Jeunesse Lambda poursuit trois objectifs:
  • organiser des rencontres thématiques dans le but de promouvoir la santé mentale et physique et pour briser l'isolement des jeunes gais, lesbiennes et bisexuels;

• accompagner les participants dans le processus d'acceptation de leur orientation sexuelle;
• sensibiliser le grand public au moyen de programmes éducatifs à la discrimination et aux préjugés dont sont victimes les jeunes gais, lesbiennes et bisexuels.

Réunion tous les vendredis à 19 h 30 au Centre communautaire des gais et lesbiennes de Montréal situé au 2075, rue Plessis (entre les rues Ontario et Sherbrooke).

La production du titre *Osti de fif !* sur 5230 lb de papier Rolland Enviro100 Édition plutôt que sur du papier vierge aide l'environnement des façons suivantes :

Arbres sauvés : 44
Évite la production de déchets solides de 1 281 kg
Réduit la quantité d'eau utilisée de 121 210 L
Réduit les émissions atmosphériques de 2 814 kg

C'est l'équivalent de :

Arbre(s) : 0,9 terrain(s) de football américain
Eau : douche de 5,6 jour(s)
Émissions atmosphériques : émissions de 0,6 voiture(s) par année